**O Gesto Vocal**
a comunicação vocal
e sua gestualidade no teatro físico

**5** COLEÇÃO MACUNAÍMA NO PALCO: UMA ESCOLA DE TEATRO

|  |  |
|---|---|
| *Edição de texto:* | LARISSA FÉRIA |
| *Revisão de provas:* | ROBERTA CARBONE |
| *Capa e projeto gráfico:* | SERGIO KON |
| *Produção:* | RICARDO NEVES, SERGIO KON, ELEN DURANDO E LUIZ HENRIQUE SOARES |

Mônica Andréa Grando

# O Gesto Vocal

## a comunicação vocal e sua gestualidade no teatro físico

# Sumário

A Gestualidade Vocal
9

1. A Descoberta da Voz
17

Primeiro Momento, Segundo Momento,
Terceiro Momento, Quarto Momento,
Quinto Momento

2. A Voz Que Guarda Silêncio
49

Cronograma de Trabalho, Do Silêncio à Voz

3. O Encontro Com a Vocalidade Teatral
65

Cronograma de Trabalho, O Texto Teatral e o Gesto Vocal

4.     O Terceiro Texto
87

A Emissão da Voz na Música e o Gesto Vocal no Teatro,
Elaboração de Quadros Comparativos das Duas Montagens,
A Expressão e a Comunicação Vocal – Expectativas

5.     Anexos
103

Partituras Musicais, *A Voz Que Guarda Silêncio*, Excertos
de *Sonho (Mas Talvez Não)* de Luigi Pirandello,
Aquecimentos Vocais


Bibliografia e Discografia
125

## Agradecimentos

Aos meus pais, Francisco Grando e Amélia Mercedes Carvalho Grando, pelo carinho e incentivo nas horas difíceis. Às minhas irmãs, Angélica Paula Grando e Natália Ivy Grando, por torcerem pelo meu sucesso.

Ao meu companheiro, Alberto Guiraldelli, pelas longas conversas sobre teatro e semiótica.

Ao Teatro Escola Macunaíma pela sala de ensaio cedida aos atores--colaboradores do núcleo Delphys para a elaboração cênica da pesquisa.

À minha amiga do coração, Luciana Magiolo, pelo carinho e paciência nos momentos mais difíceis de nossas vidas.

À professora Denise Hortência Lopes Garcia, do Programa de Comunicação e Semiótica da PUC-SP, orientadora do trabalho, apoiado pela Capes, que deu origem a este livro.

*Nossa voz é nosso corpo em sopro.*
Provérbio árabe

In memoriam *de Philadelpho Menezes
e Renato Cohen.*

# A Gestualidade Vocal

*Temos que admitir no ator uma espécie
de musculatura afetiva que corresponde
às localizações físicas dos sentimentos.*
Antonin Artaud

O objetivo principal da pesquisa que deu origem a este livro foi o de estudar a comunicação e expressividade vocais do ator no teatro contemporâneo, encontrando a gestualidade da voz que servirá como contribuição ao trabalho do ator.

A gestualidade vocal no teatro é sugerida por Antonin Artaud em seus textos. Ele semeia a necessidade de uma voz teatral diferente da utilizada pelos atores do teatro realista, como no exemplo a seguir:

> Todo espetáculo conterá um elemento físico e objetivo, sensível a todos. Gritos, lamentações, aparições, surpresas, golpes teatrais de todo tipo, beleza mágica das roupas feitas segundo certos modelos rituais, deslumbramento da luz, beleza encantatória das vozes, encanto da harmonia, raras notas musicais, cor dos objetos, ritmo físico dos movimentos cujo crescendo e decrescendo acompanhará a pulsação de movimentos familiares a todos, aparições concretas de objetos novos e surpreendentes, máscaras, bonecos de vários

metros, mudanças bruscas da luz, ação física da luz que desperta o calor e o frio etc.[1]

Essa questão foi também pensada por Jerzy Grotowski e seus companheiros de pesquisa, que procuraram elaborar um trabalho vocal no livro *Em Busca de um Teatro Pobre*.

Dentro dessa proposta, seguimos o método empírico de exercícios desenvolvidos por Constantin Stanislávski, Jerzy Grotowski, Eugenio Barba e Luís Otávio Burnier, nos núcleos de pesquisa por eles coordenados – Teatro de Arte de Moscou, Pontedera, Odin Teatret e no Núcleo Interdisciplinar de Pesquisa Teatral Lume Unicamp, respectivamente.

Nos escritos de Eugenio Barba, encontraremos uma pequena elaboração sobre o assunto, que não chega a resultar em possíveis mudanças cênicas, pois em sua antropologia teatral o gesto corporal está em primeiro plano e a voz é apenas uma consequência.

Existe uma diferença sutil, porém, básica entre esses métodos e o pesquisado pelo Lume, como podemos observar na seguinte colocação de Norval Baitelo Jr.:

> A convicção de que o corpo é linguagem, resultante da confluência de códigos complexos em múltiplos níveis, fez do trabalho de formação do ator, desenvolvido por Luís Otávio Burnier, no Lume, a mais completa concepção de corpo aplicada em processo de preparação do ator: não ignorando a dimensão biológica e fisiológica, mas, ao mesmo tempo, não cedendo diante dela; não se esquecendo da complexa história das falas sociais do corpo e, paralelamente, expandido-as; dialogando com a mais expressiva codificação cultural e sua história, mas não reduzindo o homem a suas crenças e seus ideários, remetidos de volta à sua realidade primeira, à sua mídia primeira.[2]

...

1   U. C. Arantes apud *Artaud: Teatro e Cultura*, p. 89.
2   O Corpo em Fuga de Si Mesmo, *Revista do Lume*, n. 1, 1998, p. 11-12.

Partindo do pensamento de Baitelo, começamos a elaborar o conceito de gesto enquanto escrita do corpo. A escrita, que é um gesto do corpo, está relacionada ao que ele chama de mídia primária. O corpo seria a mídia secundária, que sofre influências da mídia terciária e seus gestos, como telefone, computador entre outras. Do resultado de um gesto, como toda escrita, temos algo que significa um corpo ausente, uma imagem visual, auditiva, olfativa e gustativa.

A imagem sonora é um fenômeno que possui papel fundamental no teatro. Mesmo quando a palavra não é expressa vocalmente pelo ator, ela pode se encontrar presente em suas ações físicas. É como se a voz, a palavra e o verbo servissem como impulso interno para o gesto externo.

No teatro atual, a elaboração do gestual vocal em cena ocorre a partir da expressão corporal e da proposta de encenação. Raramente, ele é utilizado como ponto de partida para construção do espetáculo, com exceção das peças radiofônicas, em que a voz do ator vem em primeiro plano.

Partimos do princípio de que a voz é o elemento impulsionador da ação: estando presente ou ausente, audível ou inaudível, ela sempre está presente na ação. Essa pesquisa leva em consideração que, ao explorar o aparelho fonador, os impulsos sonoros e respiratórios farão os movimentos corporais do intérprete tomarem outra direção, trazendo a possibilidade de uma elaboração cênica cotidiana e esteticamente diferenciadas.

A seguir, vamos tentar responder questões ainda não devidamente estudadas pelo teatro ocidental contemporâneo:

Como podemos elaborar uma cena teatral tendo como ponto de partida as mais variadas possibilidades vocais de um ator (o estalar de língua, risadas, ruídos da voz etc)?

Quais os reais limites do aparelho fonador humano e sua expressividade cênica?

Podemos chegar a uma nova estética de encenação teatral utilizando essas premissas?

Como a maioria dos espetáculos teatrais coloca em primeiro plano os resultados corporais e a vocalidade em função da significação do texto dramático, a busca de meios para desenvolver a expressividade vocal, ainda pouco explorada, é plenamente justificável. Esse estudo proporcionou a ampliação do repertório gestual (tanto vocal quanto corporal) do ator, além de estimular o processo criador da diretora, possibilitando-lhe uma outra elaboração possível para a estética de seus espetáculos.

Existe aqui um paradoxo: ao mesmo tempo em que o ator envolve o espectador no contexto vocal da cena elaborada, ele apresenta sua veracidade e a sua vida através de sua gestualidade física e vocal, que são independentes e descontextualizadas em relação à cena teatral.

Podemos dizer que as personagens são construídas através dos gestos vocais, que estão potencializados pelos textos dramático e da personagem literária. Da mesma forma, as montagens cênicas podem ser realizadas com possibilidades diferenciadas de expressão, segundo um encadeamento da gestualidade vocal e corporal, ligados entre si de maneira clara e precisa.

A pesquisa que deu origem a esse livro nasceu quando a autora conheceu o trabalho vocal da cantora-intérprete Cathy Berberian, durante a montagem do texto *O Defunto*, de Renè D'Obaldiá, na qual participava como atriz-colaboradora. As práticas de vocalização e articulação propostas por Cathy Berberian para o aprimoramento do trabalho vocal das atrizes tiveram sua eficácia comprovada pelos resultados obtidos em cena.

As ideias deflagradas nesse trabalho foram desenvolvidas empiricamente em uma pesquisa acadêmica no programa de Comunicação e Semiótica da Pontifícia Universidade Católica de São Paulo (PUC-SP), através do método analítico descritivo. Tal método se baseia na abordagem qualitativa das informações colhidas na pesquisa bibliográfica e nas audições e análises de obras musicais.

As montagens cênicas contaram com a colaboração dos atores Mariana Amargos, Sandra Parra, Alberto Guiraldelli, Lucas José de

Lucca e Fábio Jerônimo, que experimentaram as técnicas vocais pretendidas. E a encenação das peças foi baseada na exploração vocal dos conceitos abordados no trabalho teórico. A pesquisa no campo musical contemplou audição-análise de composições e estudo de obras bibliográficas e teorias provenientes de diferentes áreas, especialmente a semiótica.

Foram feitas cartografias das técnicas contemporâneas de expressão vocal nas áreas musical e teatral. Esse trabalho serviu para aprender as técnicas desenvolvidas nos principais núcleos de pesquisa teatral, experimentá-las com os atores colaboradores e comparar os resultados aos obtidos com as técnicas tradicionais de expressão vocal no teatro.

Aqui, os leitores poderão desvendar os relatos diários do processo de aprendizado e treinamento do ator, ensaios e montagens das peças teatrais. A estrutura e o caminho deste livro foram inspirados nas obras *A Preparação do Ator*; *A Construção da Personagem* e *A Criação de um Papel*, de Constantin Stanislávski. Nessas obras, ele nos apresenta um sistema de construção e interpretação teatral através de relatos diários. Esse formato permite ter percepção exata do processo e nos pareceu ser uma forma extremamente conveniente para descrever métodos de encenação teatral e suas poéticas resultantes. Para que esse caminho se concretizasse, usamos as anotações feitas durante os ensaios e os depoimentos dos atores-pesquisadores. À medida que o leitor avançar nos capítulos, ele terá a oportunidade de verificar como os estudos teóricos foram aplicados nas peças teatrais aqui mencionadas.

No primeiro capítulo, "A Descoberta da Voz", teremos a descrição do processo prático da pesquisa sobre o gesto vocal e de como os conceitos teóricos sobre voz e gesto foram utilizados para fundamentar nosso caminho.

Apresentamos os momentos empíricos de nossa pesquisa, determinando os conceitos que nos serviram de parâmetros e como desenvolvemos os exercícios práticos. A observação dos resultados obtidos pelos intérpretes da música vocal contemporânea – que já encontraram em seu aparelho fonador as possibilidades de expressão vocal que almejamos – nos serviram de base para o estudo da voz dos atores e seus trabalhos corporais cênicos.

> O ator que chamamos de intérprete, como diríamos, o intermediário, o intermediador, é um autor de música dramática: aquela que ele compõe, mesmo se sem tornar nota, para as palavras daquele que toma o nome de autor.[3]

Nesse relato, descrevemos como as audições de obras musicais para a voz e peças radiofônicas contribuíram para as descobertas do grupo de atores que desenvolveram o estudo prático da pesquisa.

No capítulo "A Voz Que Guarda Silêncio" descrevemos o processo de elaboração da primeira aplicação cênica da pesquisa na montagem teatral *A Voz Que Guarda Silêncio,* com os atores Sandra Parra e Alberto Guiraldelli. Nesse projeto, a elaboração cênica partiu do estudo da voz e sua gestualidade no trabalho do ator, sendo que o texto teatral foi introduzido posteriormente à criação das personagens apresentamos, ainda, o método pelo qual os elementos técnicos e os conceitos abordados no capítulo anterior resultaram nas montagens do núcleo Delphys, método este desenvolvido durante o processo da pesquisa empírica.

No terceiro capítulo "O Encontro Com a Vocalidade Teatral", descrevemos o processo de montagem da encenação do texto *Sonho (Mas Talvez Não),* de Luigi Pirandello, com o segundo grupo de atores do núcleo Delphys: Lucas José De Lucca e Mariana Amargos. Nessa montagem, o texto teatral e as personagens surgiram num primeiro momento e foram associados às descobertas vocais dos atores para a elaboração do gesto vocal na cena teatral.

A distinção entre os processos descritos nesse capítulo e no precedente é que o primeiro utiliza os sons com sua vibração pelo corpo do ator para chegar à emissão de um possível texto. O

...

3   E. Decroux, apud L. O. Burnier, *A Arte do Ator,* p. 22.

segundo se inicia a partir de um texto dramatúrgico até chegar à expressividade vocal de onde partiu o primeiro processo.

No "O Encontro Com a Vocalidade Teatral", relatamos os passos efetuados no processo de montagem para verificar a eficácia das técnicas vocais pesquisadas, sua poeticidade e eficiência estética.

O quarto capítulo, "O Terceiro Texto", faz uma observação paralela dos dois processos de montagem anteriores, para elaborarmos uma leitura dos elementos que contribuíram à linguagem cênica e definirmos o que chamamos de "terceiro texto". Ele é, portanto, uma reflexão sobre esses trabalhos e a compreensão de que a composição vocal desenvolvida nas duas montagens cênicas implica na existência de um terceiro texto. Ou seja, uma outra camada de significados que está além das palavras escritas ou simplesmente ditas, encontrando-se num outro plano de entendimento, e percebido pelo ouvinte.

Como conclusão desta pesquisa, esperamos ter encontrado uma poética vocal que melhor condiz ao teatro físico elaborado no panorama do teatro brasileiro. Teremos verificado a hipótese desse projeto com a aplicação dos conceitos teóricos e dos exercícios práticos fundamentais. Observamos a necessidade da continuidade desta pesquisa, pois a poética pretendida necessita de mais aplicações práticas levadas a apresentações públicas.

# 1.

# A Descoberta da Voz

*A descoberta da voz. Aprender a aprender.*
Eugenio Barba

# Primeiro Momento

Estabelecemos que o principal foco da pesquisa é a expressão vocal do ator junto ao seu trabalho corporal, tendo como meta o encontro de uma vocalidade apropriada ao teatro físico[1], que se baseia no trabalho corporal. O objetivo é encontrar uma técnica vocal apropriada a esse corpo e sua aplicação cênica.

O teatro físico foi pensado por Antonin Artaud, Jerzy Grotowski e Eugenio Barba, que foram, sem dúvida, grandes pensadores e inovadores da estética teatral do século xx. Para esclarecer melhor o leitor, faremos aqui um breve resumo histórico sobre as ideias desses pensadores, pela importância que tiveram para o desenvolvimento do teatro físico no panorama mundial.

...

[1] Luiz Augusto Martins em "Teatro Físico", afirma que "o teatro físico tornou-se conhecido nas artes cênicas nas últimas três décadas do século xx. Cunhado na Inglaterra, vindo a definir uma extensa gama de criações que transitam entre a Dança, Teatro, a Mímica e o Circo. É resumido como a síntese entre a fala e a fisicalidade, é utilizado para definir todo o tipo de teatro que não tem como ponto de partida para a constituição da cena o texto escrito e onde a participação colaborativa dos atores, diretores, cenógrafos, dramaturgos e demais criadores seja crucial".

Para Antonin Artaud[2], a concepção do espaço cênico deveria quebrar com as convenções do teatro realista, aproximando a plateia do palco e levando-a para dentro das encenações. Artaud queria, com essa aproximação, levar o público a um universo mágico, que chega perto do sobrenatural. Propôs ainda a utilização de bonecos gigantes com formas caricaturais para ampliar essa sensação do sobrenatural, fazendo com que o público se torne pequeno e indefeso frente às suas formas quase grotescas. Esse caráter simbólico também foi atribuído aos objetos cênicos, que ganharam assim maior necessidade em permanecer em cena.

Esse rompimento preconizado por Artaud com relação ao espaço para a encenação de seus espetáculos teatrais permaneceu por trinta anos na teoria e passou a ser discutido ao inspirar grupos como o Living Theatre, de Julian Beck e Judith Malina, nos Estados Unidos, na década de 1960; Peter Brook, na Inglaterra; e Jerzy Grotowski, na Polônia.

Encontramos, no caminho trilhado por Artaud, a necessidade de um novo ator, que possua a disponibilidade de quebrar suas couraças compostas por conceitos tradicionais e se entregar ao teatro como um sacerdote, fazendo de sua atuação um ritual artístico e místico, que ele chamou de atleta afetivo. A proposta de treinamento mais clara deixada por Artaud foi a que concerne ao treino vocal e respiratório.

> Todo espetáculo conterá um elemento físico e objetivo, sensível a todos. Gritos, lamentações, aparições, surpresas, golpes teatrais de todo tipo, beleza mágica das roupas feitas segundo certos modelos rituais, deslumbramento da luz, beleza encantatória das vozes, encanto da harmonia, raras

---

2 Nascido em 1896, em Marselha. Ator de numerosos filmes mudos e depois falados (1927-1931), ele participa das atividades do grupo surrealista entre 1924 e 1926. Seu trabalho ficou conhecido através do *Manifesto do Teatro da Crueldade*, de 1932, e de *O Teatro e Seu Duplo*, publicado em 1938, além de por sua peça radiofônica, *Para Livrar-se do Julgamento de Deus*, de 1948.

notas musicais, cor dos objetos, ritmo físico dos movimentos cujo crescendo e decrescendo acompanhará a pulsação de movimentos familiares a todos, aparições concretas de objetos novos e surpreendentes, máscaras, bonecos de vários metros, mudanças bruscas da luz, ação física da luz que desperta o calor e o frio, etc.[3]

A proposta vocal de Artaud sugere uma expressão sonora que se apodera das palavras do texto, ampliando seu significado semântico. A partitura sonora rege o jogo das vozes, dos ruídos e da música, com o único objetivo de atingir fisicamente o espectador no mais profundo do seu ser. O atleta afetivo é um ator-criador que complementa a sua proposta de encenação com materiais artísticos, sonoros e corporais. Artaud idealiza um sistema de notação da linguagem articulada que permite utilizá-la musicalmente e "dá às palavras mais ou menos a importância que elas têm nos sonhos".

O ideal de ator como atleta afetivo, despojado de estereótipos e com domínio de técnicas teatrais muito precisas, é desenvolvido por Jerzy Grotowski[4], que elaborou um treinamento físico próprio para atingir esse ideal. Assim, como para Artaud, o ator de Grotowski deve, de forma completa e até brutal, limpar-se de qualquer vício gestual, vocal e de interpretação para aprender novas técnicas corporais e vocais e, posteriormente, criar esse novo teatro.

De fato, Jerzy Grotowski concretiza muitos dos pensamentos de Artaud em suas práticas teatrais. Nelas, o desenvolvimento da expressividade do corpo e da voz levou Grotowski a elaborar a teoria das caixas de ressonância, que ele apresentou como metáfora, e não como descoberta científica.

···

3  A. Artaud, *O Teatro e Seu Duplo*, p.89.
4  Diretor de teatro e fundador do Teatro das Treze Fileiras, mais tarde conhecido como Teatro Laboratório, em Opole, na Polônia. Essa fundação coincide com sua primeira fase: Teatro de Produções (1959-1969). Posteriormente, seus trabalhos passam a ser realizados no Centro de Trabalho, em Pontedera, na Itália.

O corpo humano, segundo Grotowski, só utiliza no cotidiano uma ínfima parte do seu potencial vocal. Ele sugere um treinamento ao ator para que ele libere e explore suas vozes, que parecerão sair de diferentes regiões de seu organismo: plexo solar, ventre, costas etc. Essas regiões são designadas por ele como caixas de ressonância. Esse domínio amplia a capacidade vocal do ator grotowskiano, tirando sua voz da laringe, tornando expressivo esse ruído, ao mesmo tempo humano e desumano, que leva ao ouvinte uma pura energia sonora, a qual Artaud também buscava.

Grotowski nos propõe, num primeiro momento, a atuação total, na qual os atores são "empurrados" a um excesso de sinceridade pela qual eles se livram de suas máscaras sociais. Pois o teatro, como diria Lisa Wolford, é um lugar de provocação, onde o espectador é levado ao estado de catarse, de autopenetração, tornando o ato teatral um processo catalisador interno, tornando-o uma forma performática arcaica e, simplesmente, uma arte estética[5].

Num segundo momento, Grotowski rompe com a estrutura convencional do ato teatral, substituída por atividades improvisadas, envolvendo contato espontâneo entre um grupo de "monitores experientes" e certo número de "participante externos"[6]. Ele propõe a utilização de atividades não estruturadas, construídas ao redor de elementos simples, como canto, dança, corridas e jogos. Todas improvisadas.

Essas propostas cênicas foram mais tarde retomadas por Eugenio Barba[7], que participou dos trabalhos de Grotowski, em Pontedera, antes de fundar seu próprio núcleo de pesquisa, o Odin Teatret.

...

5  Cf. *Grotowski's Objective Drama Research*, p.12.
6  Jerzy Grotowski utiliza a nomenclatura "monitores experientes" para os atores de sua companhia, e "participantes externos" para os atores participantes dos exercícios que compõe também a plateia. Ele quer, com isso, romper com os paradigmas teatrais e criar outros mais adequados ao seu processo de trabalho.
7  Nascido na Itália meridional em 1936. Fundou o Odin Teatret em Oslo, na Noruega, em 1964 e dirige até hoje suas produções. Na Dinamarca, em 1979, fundou o ISTA (International School of Theatre Antropology).

As contribuições de Eugênio Barba para essa pesquisa partem das inovações que ele propõe para a preparação do ator e dos novos argumentos que o teatro antropológico nos aponta enquanto reflexão.

Barba chama de teatro antropológico a codificação de elementos de várias culturas orientais e as transposições desses elementos para uma realidade ocidental, com base em um treinamento físico. Ou seja, ele renomeia os exemplos das técnicas vocais e corporais colhidas pelos integrantes do Odin e estabelece uma nomenclatura ocidental para tais exemplos, elaborando uma nova teatralidade.

Em seu livro *A Arte Secreta do Ator,* Eugenio Barba nos apresenta essa nomenclatura: um corpo decidido, um corpo fictício, equilíbrio extracotidiano, corpo dilatado, ações em trabalho, entre outras. Além disso, ele nos descreve e ilustra as técnicas que são realizadas no Oriente e mostra como a cultura ocidental pode usufruir delas. Aponta-nos, também, onde as culturas já haviam realizado essa troca e equivalência técnica.

Os trabalhos desenvolvidos pelo Odin Teatret e seus pesquisadores-intérpretes estão largamente difundidos pelo mundo. No Brasil, alguns núcleos de pesquisa teatral realizam treinamentos corporais e vocais a partir de ações e canções de culturas visitadas. Esses exercícios são transformados em técnicas pessoais de treinamento para a criação de personagens e espetáculos teatrais.

O núcleo de pesquisa de maior relevância dessa área em nosso país é o Núcleo Interdisciplinar de Pesquisa Teatral Lume/Unicamp. Com sede em Campinas, ele foi fundado por Luís Otávio Burnier, em 1985.

O Lume desenvolve uma pesquisa para o trabalho do ator similar a realizada pelo Odin Teatret, adaptada para a diferença cultural e a realidade brasileira, que estabelecem um outro patamar de observação e criação cênica[8].

---

8  Cf. L. O. Burnier, *A Arte de Ator.*

As referências oferecidas pelos atores-intérpretes do Lume e do Odin Teatret são fundamentais para o processo que iremos desenvolver em nossa pesquisa.

## O Gesto Vocal

O gesto vocal pode ser definido como a ação vocal que é o texto da voz, e não das palavras.

> Os dadaístas em seus poemas fonéticos souberam esta diferença. Além do o que dizer, eles exploravam o como dizer. Aliás, no famoso poema optofonético de R. Hausmann *K p'eriom* a palavra encontra-se completamente pulverizada, havendo somente ação vocal ou gesto vocal.[9]

O gesto vocal é como um prolongamento do corpo que vibra, como um "braço do corpo", que pode pegar um objeto e trazê-lo para si ou empurrá-lo para longe, acariciar ou agredir o espaço ou uma pessoa. Esse vibrar do gesto vocal não significa que a voz vibra naquele preciso lugar, mas é para lá que ela se direciona:

> A grande aventura de nossa pesquisa foi a descoberta dos ressonadores: talvez a palavra vibrador seja mais exata porque, do ponto de vista da precisão científica, não são exatamente ressonadores. Quando eu mesmo procurei diferentes tipos de vibradores, encontrei em mim vinte e quatro. Para cada vibrador há ao mesmo tempo a vibração de todo o corpo, mais as vibrações no ponto central da vibração: a vibração máxima está onde está o vibrador: seu ponto de aplicação onde se coloca em movimento o vibrador.[10]

9 Ibidem, p. 77.
10 L. Flaszen; C Pollastrelli, *O Teatro Laboratório de Jerzy Grotowski 1959-1969*, p. 151 e 154.

A DESCOBERTA DA VOZ

Podemos falar um mesmo texto dizendo coisas diferentes. Por exemplo: podemos dizer "sim" com voz doce e carinhosa, mas podemos dizer "sim" perguntando ou de forma agressiva, colocando em dúvida essa afirmação.

A intensidade e a espacialidade do gesto vocal correspondem ao movimento da ação física. A intensidade nos dá a força e o volume do gesto vocal. Já a espacialidade é a maneira como a voz ocupa o espaço.

> Assim, uma voz pode ter uma espacialidade externa, ou seja, falada como se em local aberto, ou interna, como se dentro de uma casa, por exemplo. No espaço interno ela pode ser de um local social, uma sala de visita, ou íntimo, um quarto. No externo, ela pode ser de um campo aberto ou de um jardim. As vozes usadas nestes espaços são qualitativamente distintas, e podem ter forças e volumes diferentes.[11]

Com as bases conceituais determinadas pelos pensadores acima citados, observamos que é relevante encontrar uma sintonia entre palavras, atos e os sentimentos dos atores, mesmo que para isso seja preciso desvinculá-los de seu sentido semântico e encontrar a sonoridade primária para que um repertório sonoro estimule nossa criatividade.

Além das obras anteriormente citadas, usamos como fonte de sugestão para exercícios práticos vocais com fonemas, o texto *Crátilo,* de Platão, no qual o autor discorre semanticamente sobre os sons das vogais e consoantes na passagem do diálogo entre Sócrates e Hermógenes. Diz Sócrates:

> A letra 'r' pareceu a quem estabeleceu os nomes um belo instrumento para o movimento, capaz de representar a mobilidade. Percebeu, segundo penso, que nessa letra a língua se

---

11 Platão, *Crátilo,* p. 175-176.

detinha menos e vibrava mais; daí, parece-me que se serviu dela para exprimir o movimento. A letra 'i' valeu para tudo o que é sutil e em tudo penetra. Por isso mesmo imita com ela os movimento de ir (*iénai*) e avançar (*íesthai*), da mesma forma que empregou 'ph, ps, s, z', letras aspiradas todas elas, na imitação de noções como *psychrón* (frio), *zéon* (fervente), *séiesthai* (agitado) e os abalos em geral (*siemós*). E quando imita alguma coisa da natureza do vento, na maioria das vezes é a letras desse tipo que o instituidor dos nomes parece recorrer. Para também ter compreendido que a pronúncia do 't' e do 'd', letras que comprimem a língua e nela se apoiam, era apropriado para exprimir a imitação de encadeamento e de parada (*desmós* e *stásis*). Por outro lado, tendo observado que a língua escorrega, particularmente, na pronúncia do 'l', formou por imitação as palavras que designam o que é liso (*leion*), escorregadio (*olísthanos*), gorduroso (*liparón*), grudento (*kollôdes*) e tudo mais do mesmo gênero. E com o 'g' tem a propriedade de deter o escorregamento da língua causado pelo 'l', com a junção das duas letras representou as noções de viscoso (*glischron*), doce (*glykys*) e lutulento (*gloiôdes*). Da mesma forma que o 'n' detém o som dentro da boca, criou as expressões *éndon* (dentro) e *entós* (interior), para representar os fatos por meio das letras. Ao 'a' atribui o sentido de tamanho (*melagê*) e ao 'e' o de comprimento (*mêkos*), por tratar-se de letras longas. Tendo necessidade do 'o' para exprimir a ideia de redondo (*gongylon*), empregou-se com mão larga neste vocábulo. E assim procedeu o legislador em tudo mais, reduzindo todas as coisas a letras e a sílabas e criando para cada ser um sinal e nomes apropriados, para formar por imitação de mais nomes a partir desses elementos primordiais.[12]

12  Ibidem.

Platão nos mostra como a sonoridade das letras, principalmente das consoantes, possui papel fundamental na formação das palavras. Essa sonoridade nos leva a crer que a palavra, mesmo liberta de seu significado, possui uma comunicabilidade intrínseca à expressão que propõe. Com os elementos sonoros da formação das palavras, como a abertura da boca e a passagem do ar por ela, seus estalos labiais, da língua e os ruídos de explosão e fricção na boca, elaboramos exercícios para ressaltar a expressividade vocal, descritos mais adiante nesse capítulo.

## Segundo Momento

Após o estudo dos conceitos dos três autores descritos acima, junto aos integrantes da presente pesquisa, os atores do Núcleo Delphys, seguimos com as aplicações práticas, partindo do repertório pessoal de cada integrante. As referências aos trabalhos vocais já apreendidos por cada um foram muito importantes para criar uma maior disponibilidade nos indivíduos participantes da pesquisa. Todos os atores tiveram aulas com fonoaudiólogas nas escolas de teatro que cursaram, conhecem o aparelho fonador e sabem utilizar a respiração para controlar a emissão da fala. Revimos os seguintes pontos da emissão da voz antes de iniciarmos os exercícios práticos:

A voz é um instrumento de expressão que reflete a personalidade e sonoriza as emoções. É através da frequência fundamental, da melodia, das inflexões, da intensidade da nossa voz, da velocidade, do mínimo de pausas, do ritmo e das articulações dos sons que demonstramos o que somos, o que pensamos e o que sentimos.

A voz é produzida na laringe, um órgão onde ficam as pregas vocais. Ao falar, as pregas aproximam-se, o ar sai dos pulmões e, ao passar pela laringe, produz uma vibração, que é a voz. Para que a palavra falada seja emitida é necessária a participação de outras partes do aparelho fonador, como a articulação mandibular; veremos isso mais à frente.

Para ter boa voz é preciso respirar de maneira adequada. O treino respiratório é muito importante, principalmente quando associado à fonação. Além de desenvolver uma maior quantidade de ar para a fala, ele desenvolve também um aumento do tempo de fonação e uma vocalização com menor esforço. Com esse apoio respiratório temos um excelente efeito relaxante.

A voz normal e bem impostada é produzida através do equilíbrio de uma respiração fácil e relaxada, uma frequência fundamental que necessita de um mínimo esforço muscular da laringe e uma ressonância livre.

O ator deve perceber, em si próprio, que o aparelho respiratório é composto de sistema pulmonar, caixa torácica e parede abdominal. É importante que ele tenha consciência das variações da dinâmica respiratória nas diferentes formas de produção vocal: fala, grito, canto etc.

> A respiração adequada para a voz de um comunicador seria a do tipo inferior, costo-diafragmática-abdominal ou abdominal-diafragmática. Esta é caracterizada pela expressão da parte baixa da caixa torácica e da musculatura da região abdominal (respiração intercostal e diafragmática respectivamente) durante a inspiração. O diafragma participa dos movimentos respiratórios e, fisiologicamente, este tipo de respiração permite boa ventilação, proporcionando o apoio necessário à função vocal.[13]

O ator deve reservar um tempo para relaxar o corpo e a mente. Esse procedimento é importante para a expansão do espírito. Esse relaxamento deve iniciar-se pela cabeça, músculos da face, pálpebras,

---

13  A. E. Quinteiro, *Estética da Voz*, p. 83.

A DESCOBERTA DA VOZ 29

pescoço; depois, ombros, nuca, peito, braços; e, por fim, mãos, dedos, quadris, coxas, pernas e pés.

A articulação das palavras precisa ser associada à exploração das cavidades de ressonância e a respiração costo diafragmática favorece a potência da voz, mesmo em situações de grande ruído de fundo e ao ar livre.

Articular significa destacar com clareza na pronúncia as sílabas das palavras. Para se articular bem, é necessário que se reconheça o som de cada letra, consoantes e vogais, registrando-os auditivamente. Todos os órgãos da fala (caixa torácica, pulmões, diafragma, laringe, pregas vocais, nariz, faringe, lábios, dentes, mandíbulas e palato) devem ser bem utilizados para a boa articulação. Porém, a observação maior é dada à língua e aos lábios (articuladores diretos).

O nosso aquecimento vocal e corporal possui duração média de vinte minutos e segue os seguintes procedimentos[14]:

*Aquecimento respiratório*. Inspire e expire sem produzir sons, controlando a entrada e saída do ar. Conte os tempos 4, 6, 8 e 10, para aumentar a capacidade de cada indivíduo em sustentar o seu diafragma.

*Aquecimento das pregas vocais*. Repita o ato anterior de inspirar e expirar, mas agora com sons em boca *chiusa*, pensando nas vogais de nosso alfabeto. Com essa respiração e sonoridade aquecendo as pregas vocais, passamos a alongar todo o corpo, emitindo esses sons e ar para as articulações de todo o corpo.

Ao sentirmos o ar chegando nas articulações, vemos que sua extensão aumenta a flexibilidade do corpo do ator, melhorando seu desempenho em cena. O princípio fundamental é a respiração consciente.

...

14 Os exercícios que seguem fizeram parte do curso de expressão vocal dado pela professora Sara Lopes, junto ao curso de Bacharelado em Interpretação Teatral entre os anos de 1989 e 1992, na Unicamp.

O objetivo desse aquecimento é levar os atores ao encontro de sua respiração, percebendo como ela caminha pelo corpo e como os movimentos podem estar relacionados ao seu controle. Outro objetivo desse exercício é desbloquear o aparelho fonador.

Os sons (anasalados, em boca *chiusa* etc.) e os ruídos – como o estalar da língua, a fricção de língua, de lábios, os gritos, os risos, as lamentações, a voz murmurada, as vozes iradas, os sussurros, os sons granulados na garganta, as palavras articuladas rápidas ou lentamente, palavras ditas envolvidas pela emissão de ar – são também explorados nesse momento para, junto à respiração, conduzirem os movimentos dos atores, levando-os a movimentos corporais não cotidianos importantes para a elaboração cênica pretendida pelo diretor.

A respiração estabelece diferentes andamentos para o corpo. E os sons provocam diferentes alterações no "pulso", criando tempos, velocidades e ritmos variados. Com essa pulsação corporal chegamos a um diferenciador para cada movimento físico dos integrantes, o que nos levou a concluir que a respiração é a base para cada ação dramática teatral.

Nesse momento de trabalho, o ator realiza uma pesquisa sonora individual que é observada e anotada pela coordenadora dos encontros e com anotações pessoais de cada integrante.

## Terceiro Momento

No início dos trabalhos foram mantidos os primeiros contatos, sem conversas paralelas, com a realização do mesmo aquecimento proposto no segundo momento. O silêncio é importante para aumentar o poder de concentração e possibilitar ao corpo e à voz novas descobertas.

Durante os quarenta minutos seguintes, os atores foram conduzidos a tocar seus próprios corpos com as mãos e a utilizá-los

A DESCOBERTA DA VOZ

como os instrumentos de percussão. As descobertas de sonoridades corporais e de como a voz se altera quando o corpo é manipulado por si mesmo ou por outro fomentaram as ideias quanto à possibilidade do corpo se tornar musical, não só com o canto, mas como um grande instrumento musical.

Para uma reflexão sobre essas propostas, escolhemos alguns exercícios de *Em Busca de um Teatro Pobre* descritos por Grotowski, além de exercícios de respiração propostos por Ives Lebreton.

> O objetivo primário do treinamento físico é erradicar bloqueios no organismo do ator, de tal modo que nenhuma obstrução se interponha entre impulso e manifestação. [...] As canções são ensinadas por um praticante treinado e são repetidas pelo grupo até que a canção "chegue", o que poderia acontecer apenas após doze repetições ou então depois de algumas horas de trabalho. Os participantes eram aconselhados a não usar a cabeça ou o ventre como caixas de ressonância, mas deveriam, em vez disso, procurar um diálogo sonoro com o teto, o chão ou outro elemento externo.[15]

A inovação de tais argumentos contribui de forma fundamental para o teatro físico contemporâneo. Portanto, para erradicar bloqueios no organismo, sugerimos aos atores os seguintes exercícios respiratórios:

1. Com o corpo deitado no chão, inspire e expire lentamente, percebendo a capacidade de seu aparelho respiratório.
2. Inspire, preenchendo o baixo-ventre, evitando outras regiões do pulmão. Logo após, expire lentamente.
3. Inspire preenchendo a região do peito, acima do estômago, evitando outras regiões do pulmão. Logo após, expire lentamente.

---

15 Caderno de notas de Sandra Parra sobre os procedimentos de trabalho de Ives Lebreton, para os exercícios aplicados por ele, em 1997-1998.

4. Inspire preenchendo a região alta dos pulmões, evitando outras regiões do pulmão. Expire logo após, lentamente.
5. Inspire preenchendo a região das costas correspondente aos pulmões, evitando outras regiões do pulmão. Expire logo após, lentamente.
6. Inspire preenchendo todas as partes anteriormente separadas, com sustentação do ar. Expire lentamente após 5 segundos.[16]

Os exercícios de respiração propostos por Lebreton proporcionam ao ator um controle maior de sua capacidade respiratória e uma real consciência de seu aparelho respiratório. Esse controle resultará num empenho mais apurado da emissão dos sons, palavras e interjeições pretendidas pelo ator e seu diretor para a cena teatral trabalhada por eles nas montagens de teatro.

Após os exercícios de aquecimento, respiração e exploração da voz, cada integrante elaborou desenhos gráficos, de forma que representassem os momentos de suas descobertas vocais e corporais. Os desenhos originais e os comentários de cada um estão registrados no diário de bordo do núcleo Delphys. A seguir, apresentamos um comentário de cada ator.

### Comentário de Lucas José De Lucca

Para Lucas De Lucca, o trabalho ainda está como um emaranhado de ideias e somente no decorrer do mesmo será possível entender com clareza o percurso proposto no início.

### Comentário de Mariana Amargos

Para a atriz Mariana Amargos, os sons lhe pareceram ondas, como os movimentos leves que seu corpo produziu no decorrer dos exercícios. A imagem retratada por ela como uma onda azulada

---

16 Exercícios aplicados por Ives Lebreton em oficinas cursadas pela atriz e pesquisadora Sandra Parra, em 1997-1998, no Centro de Ricerca e Creazione Teatrale – "L'Albero", em Montespertoli, Itália.

pode lembrar o vento ou as ondas do mar, dependendo do ângulo em que examinamos a figura.

### Comentário de Sandra Parra

Segundo o depoimento de Sandra Parra, seu corpo foi tomado pelos sons produzidos em sua caixa craniana, tendo permanecido por longo período em seu crânio, deslocando-se pouco a pouco para outras partes do corpo. Ela relata que a cor vermelha foi predominante e isso lhe lembrava o sangue. Vale dizer que Sandra teve um princípio de choro pela emoção causada pela respiração profunda e pelos sons em sua caixa craniana. Podemos concluir que essa prática altera o ritmo respiratório, provocando emoções no praticante. Em nossas anotações, encontramos a observação de que Sandra se resguardou por muito tempo durante essa fase de trabalhos, tendo um desbloqueio vocal e corporal após algumas semanas.

### Comentário de Alberto Guiraldelli

Segundo Alberto Guiraldelli, em seu depoimento sobre suas descobertas, os sons e a respiração também lhe provocaram a sensação do vento, que o levou a realizar movimentos ondulados e contínuos por quase todo o período de treinamento. Essas ondas de vento lhe trouxeram a imagem mental do claro/escuro, que podemos observar na mudança da cor aplicada em seu desenho como referência aos movimentos realizados por ele durante o treinamento. A respiração e o som o conduziram a um novo movimento.

Ele verificou experimentalmente como manter o som uniforme ao longo do movimento. E depois deixou que ele fosse transformado livremente por alteração física.

A fluidez da passagem de um som/movimento para outro tornou-se uma meta, já que Guiraldelli visava um controle apurado do que foi experimentado ao longo do treinamento. Ele foi o ator--pesquisador mais consciente do percurso que desenvolvemos, pois em sua formação teve contato com a poesia vocal e a música vocal contemporânea.

Os atores observaram que, muitas vezes, tiveram vontade de interromper seus movimentos, pois não sabiam se estavam seguindo corretamente as instruções sugeridas antes do início das atividades. Esclarecemos que nessa primeira etapa todas as descobertas seriam bem recebidas, pois contribuiriam para o andamento da pesquisa.

Concluímos que, ao deixarmos os caminhos de criação abertos para cada participante, proporcionamos ao ator um número crescente de descobertas conscientes. Com a possibilidade de um resgate de cada uma dessas experiências, como portas abertas para a criação cênica, possibilitando-nos o desenvolvimento real da pesquisa vocal aqui presente.

## Quarto Momento

Gestos são movimentos do corpo, em especial da cabeça e dos braços, para exprimir ideias, sentimentos, para realçar a expressão ou mímica. No cotidiano, gestos são parte de uma linguagem associada à determinada atividade e função. No palco, eles ganham função estética, tornando-se estilizados e tecnicamente estruturados, com vocabulários específicos, como o do balé ou o da dança moderna norte-americana.

Quando um gesto é feito pela primeira vez no palco, ele pode ser (mal) interpretado como uma expressão espontânea. Mas quando o mesmo gesto é repetido várias vezes, ele é claramente exposto como um elemento estético. Nas primeiras repetições, o gesto gradualmente mostra-se dissociado de uma fonte emocional espontânea. Eventualmente, as exaustivas repetições provocam sentimentos e experiências nos atores e na plateia. Significados são transitórios, emergindo, dissolvendo e sofrendo mutações em meio a repetições. Isso também se dá com a repetição do gesto vocal, em que a palavra falada é geradora do movimento da ação cênica.

## O Gesto Como Complemento da Palavra

Na arte de dizer, temos três linguagens: a voz, a mímica e o gesto. A voz é emitida pelo aparelho fonador. A mímica é uma expressão corporal elaborada a partir de gestos que possuem significados simbólicos. E o gesto é a ação física que possui significado imediatamente reconhecido pelo espectador e independe de um aprendizado prévio, pois é inerente à comunicação em uma sociedade.

Para a exteriorização de todos os sentidos é preciso que haja um perfeito entrosamento entre essas três linguagens. Ao exultarmos de alegria ou se temos o coração magoado pelo sofrimento, a fisionomia deverá estar iluminada pela felicidade ou sombreada pela tristeza, antes mesmo da comunicação verbal.

A expressão fisionômica, muitas vezes, dispensa o gesto; este, porém, não pode prescindir do auxílio do jogo de fisionomia. A expressão facial é a alma da palavra. Não podemos separar uma da outra e o pensamento transparece espontaneamente na máscara. Assim como o relâmpago precede o trovão, a expressão fisionômica precede a palavra, acompanha-a e muitas vezes a substitui. Ela geralmente desponta na inspiração, enquanto que a linguagem oral só se efetua na expiração. Clara Nunes aconselha aos seus alunos: "Sentir antes de se expressar; olhar e ver antes de descrever; escutar e ouvir antes de responder."[17] Seus exercícios de improvisação, baseados nos cinco sentidos, são de grande proveito para desenvolver os meios de expressão.

Os exercícios de mímica devem ser feitos em concordância com trechos que ofereçam a oportunidade de transmitir várias emoções, evitando sempre o exagero, pois os trejeitos tornam-se caretas ridículas.

As modificações da máscara efetuam-se nas linhas principais do rosto, que se elevam nos sentidos alegres e descendem na tristeza, na dor e no desânimo. Os olhos refletem todos os pensamentos.

17 *Urdimento*, n. 18, p. 172.

A sua linguagem é muito sutil e deve ser sincera para não parecer dizer uma coisa e pensar outra.

O gesto deve ser espontâneo, sincero, sóbrio e harmonioso, devendo preceder ou acompanhar a palavra. Como auxiliar e complemento da expressão oral, é indispensável que sempre esteja de acordo com o pensamento que se está exteriorizando. Para que seja espontâneo e sincero, ele deve ser feito com naturalidade, sem maneirismo nem afetação. A harmonia dos gestos depende da elegância com que se movimentam todos os membros do corpo, de cuja atitude resulta a sua beleza plástica.

Na recitação de poesia, monólogos e conferências é preciso evitar gestos inúteis – só tem valor o gesto que determina um pensamento ou tem uma significação definida. Na tragédia ou alta eloquência, os grandes gestos dos braços são usados, devendo ser amplos e partindo harmoniosamente dos ombros.

Os exercícios de ginástica e expressão corporal são indispensáveis para adquirir maleabilidade, elegância dos movimentos e espontaneidade dos gestos para a arte de dizer. Entretanto, aqueles que precisam de todos os recursos da voz para falar em público devem ter em mente que nunca poderão abandonar os exercícios respiratórios e de técnica vocal, que serão os alicerces de sua carreira artística.

O ator que tiver o domínio de sua voz sentirá suas reações automáticas e inconscientes, com um aumento significativo nos seus meios de expressão, para transmitir com naturalidade a doçura ou energia, veemência ou paixão que encontrar nos seus personagens.

## A Poesia Sonora, a Voz na Música Contemporânea e Sua Gestualidade Vocal

Como esse momento da pesquisa teve como suporte os experimentos realizados na poesia sonora, realizamos um período de audições dessas peças para conhecimento, discussão e utilização desses elementos em nosso processo de trabalho.

As poesias sonoras estudadas nesse período foram apresentadas no Festival Reggio Emilia Boabab, em 1989, conforme abaixo (por autor):

1. Arrigo Lora-Totino, "Marina" e "Vdv".
2. Sérgio Cena, "Inseguimento" e "Poema tartaglia".
3. Eugenio Miccini, "Canzoniere".
4. V. Curci, "Un vaporoso conversare di desideri".
5. Gianpaolo Roffi, "Amor, I (Da Madrigali)" e "Che cós'è la poesia?".
6. Paolo Trocchi, "Telefonia" e "Mercificazione".
7. Enzo Minarelli, "Regina" e "Monostico".
8. Patrizia Vicinelli, "Poesie" (Suono: Filiphe Corne).
9. Corrado Costa, "Canta una ninna nanna" e "L´arciere Iahoham uccide un fiume".
10. Giovanni Fontana, "Scansioni" e "Poema Strumentale".
11. Bernard Heidsick, "Adriano Spatola" e "Vaduz".[18]

Nessas audições, observamos que a palavra falada encontra uma sonoridade diferenciada em cada língua em que é emitida. E que os recursos de cada indivíduo e seu aparelho fonador colaboram com essa emissão vocal, enriquecendo a poesia que está sendo apresentada.

Seguindo o exercício de audição, ouvimos as poesias sonoras:

1. "Song", Jack e Adelle Foley (EUA).
2. "Species Of Abandoned Light", Jake Berry (EUA).
3. "It´s Your Wold", Karl Yong (EUA).
4. "Parent + Child Heebee-Jeebies", Michel e Nathalie Basinski (EUA).
5. "Speak", Harry Polkinhorn (EUA).

---

18 Material pesquisado no laboratório de poesia vocal e visual coordenado pelo professor Philadelpho Menezes junto ao Programa de Pós-Graduação em Comunicação e Semiótica da PUC-SP.

6. "Der Bug Hat Zwei Fübe, Sonnet-burger e Testament--auf jeben Fall", Oskar Pastio, voz Carlfriedrich Claus (Alemanha).
7. Trecho de "Improvisation", Valeri Schertjanoi (Alemanha).
8. Trecho de "Basale Sprechoperationsräume", Carlfriedrich Claus (Alemanha).
9. "Zamongi Grin", Jaap Blonk (Holanda).
10. "The Paddle Song" e "Non Stop Horse", Luigi Pasotelli (Itália).
11. "Cut Music" e "Number 9", Maurizio Nanicci (Itália).
12. "Cultppoem", Enzo Minarelli (Itália).
13. "Angel de Angeles", Carlos Esteves (Argentina).
14. "Cabala/Mascara/Die", Fabio Doctorovich (Argentina).
15. "Servi-Vroato", Alex Hamburger (Brasil).
16. "Tiáliogo", Dora Mendes, Milton Ferreira e Hélio Ziskind (Brasil).
17. "Futuro", Philadelpho Menezes e Milton Ferreira (Brasil).
18. "Poema Não-Música", Philadelpho Menezes (Brasil).
19. "A Valsa", Jamil Jorge (Brasil).[19]

Segundo Philadelpho Menezes, o termo poesia sonora foi criado por Henri Chopin nos anos 1950, período em que também se iniciava a trajetória de uma poética tecnológica. Ele é aplicado às poesias compostas em fita magnética, e não escritas em papel. A escuta da poesia sonora, por si mesma, deveria definir melhor do que qualquer texto, para um ouvinte atento, o que vem a ser hoje poesia sonora.

A poesia sonora se apresenta como um novo modo de pensar a poesia como a arte da vocalidade não domada pela linguagem comunicativa e letrada, e sim libertada num espaço de

---

19 Material pesquisado no laboratório de poesia vocal e visual coordenado pelo professor Philadepho Menezes junto ao Programa de Pós-Graduação em Comunicação e Semiótica da puc-sp e por ele disponibilizado no cd que acompanha o livro *Poesia Sonora Hoje: Uma Antologia Poética.*

a-comunicabilidade (não anticomunicabilidade) através da criação de uma *língua* (um racional código aberto) que *não carrega significados*, mas somente sua própria presença no mundo.[20]

Com o estudo dessa poesia e dos novos suportes da mídia, pudemos traçar um paralelo com a pesquisa sobre o teatro vocal e a organização paratática[21] que o poema concreto faz com os meios fônicos e gráficos.

A ausência da sintaxe, o choque direto entre as palavras sem o acolchoado da pontuação, reforçado pela similaridade entre elas, criou uma cadeia de reverberações e ecos que aumentaram as possibilidades de trazer à tona a estrutura sonora latente em todo poema, o que quebra a discursividade do texto pelo constante remeter de uma palavra à outra.[22]

A sonoridade do poema, marcada pela redundância, cria um impacto no ouvinte e no leitor, já que a nova informação reside justamente nessa repetição do fonema. No poema, não havia a sua alteração na natureza fônica: o som é o som das palavras oralizadas. Em nossa pesquisa, o discurso pode perder a sintaxe discursiva e aproveitar de forma ampliada os sons das palavras pelo som em si. Daí a necessidade da repetição na oralidade e em nossa pesquisa vocal.

A audição e o estudo de poesias sonoras, feitas durante as aulas cursadas e o trabalho de pesquisa, nos levaram a concluir que a sonoridade também se mantém atrelada à pronúncia do texto, à oralidade do poema verbal e que raros são os exemplos de som semantizado, que atua em combinação e contraponto informativo com a imagem.

---

20 Introdução, em P. Menezes (org.), *Poesia Sonora*, p. 10.
21 Paratática: conceito definido por Philadelpho Menezes como um tipo de organização do poema, onde a estrutura visual predomina na poética. Cf. *Poética e Visualidade*, p. 38s.
22 Ibidem, p. 42.

A colocação de Philadelpho Menezes sobre a natureza do som foi muito discutida: "O som por natureza não comporta qualquer semantização. Vale dizer, não possui significados conceituais, a não ser quando é o som do próprio signo verbal, e aí os significados são verbais." Em nossa pesquisa, ao contrário, os sons vocais de qualquer natureza, emitidos pelo aparelho fonador, comportam semantização e possuem significados conceituais, anteriores ao próprio uso do signo verbal da fala.

Nessas audições, encontramos os seguintes elementos vocais, que nos serviram de instrumento para os nossos exercícios e descobertas gestuais vocais:

- Recitação lenta, pausada.
- Recitação repetitiva, fruto ou não de edições realizadas pelo computador.
- Diálogos simples e sobrepostos.
- Leitura de poemas.
- Narrativa em português, italiano ou outras línguas.
- Discurso bravio.
- Palavras emitidas como uma música sacra, *rap* ou canção de ninar.
- Palavras emitidas sem sentido semântico.
- Palavras alongadas, secas, ou com ar na emissão dessas, com ou sem distorção em computador.
- Vozes alteradas, brigando, reclamando ou pedindo algo com volume forte.
- Rezas, palavrões, propagandas de produtos comerciais.
- Vogais alongadas, trêmulas.
- Consoantes plosivas e fricativas.
- Estalos de língua, sons de percussão na bochecha, ruídos de língua, ruídos com os lábios e com a boca, sons guturais.
- Uso de palavras difíceis de pronunciar ou inventadas.
- Canto de pigmeus.
- Música instrumental e/ou música eletroacústica.

A DESCOBERTA DA VOZ

Observamos que as emissões são constantemente lineares, ou seja, não possuem um contorno melódico variável, mas sem uma profundidade dramática que nos pudesse auxiliar na gestualidade e a comunicação na emissão vocal.

Essa gestualidade dramática a que nos referimos foi encontrada em obras do repertório da música eletroacústica. A exemplificação de duas obras elucida esse pensamento: a primeira é *Récitations: Pour Voix Seule*[23], de Georges Aperghis. A segunda é "Visage", de Luciano Berio. Os trechos das partituras citadas neste capítulo se encontram no Anexo 1.

As composições *Récitations* feitas para a atriz e intérprete vocal Martine Viard são um exemplo auxiliar dos parâmetros vocais pretendidos nas peças teatrais com base no teatro físico. Na canção "Récitation 5", Martine nos apresenta uma forma bastante particular de utilizar a respiração e a apneia[24].

Nessa canção, o compositor alterna trechos cantados e falados, sem pausa para o intérprete respirar: as partes cantadas são emitidas na expiração, enquanto as partes faladas são emitidas na inspiração. Para alcançar o resultado pretendido pelo compositor, Martine inicia sua canção após inspirar o ar e o expira até ele se extinguir, sempre cantando, mesmo quando seu organismo está vazio – em apneia – e reinicia a inspiração ainda cantando. Esse ato de inspirar e expirar produzindo um som vocal com a articulação de palavras nos faz ter uma ideia de respiração e sons circulares que nunca se extinguem.

A particularidade desse auxílio respiratório – a presença do ruído do ar durante a inspiração nos causa uma sensação de asfixia – nos abre, como intérpretes, um novo modelo de emissão vocal, que chega ao ouvinte como um abraço que, de tão apertado, lhe causa uma "falta de ar".

•••

23 Recordings Radio France – Programme Musical de France Culture. Ver parte da partitura no anexo 1, 2ª. figura.

24 Apneia (do grego, *a* = prefixo de negação e *pneia* = respirar) designa a suspensão voluntária da ventilação ou a involuntária interrupção da comunicação do ar atmosférico com as vias aéreas inferiores, os pulmões.

Na canção "Récitation 13"[25], o texto se compõe em repetições de cada fonema, acentuando cada repetição. Ela se desenvolve num exercício progressivo, que se dispõe geometricamente como a partitura proposta pelo compositor.

Essa obra nos remete às poesias minimalistas, que se desenvolvem num crescente melódico até a composição completa da frase poética escolhida pelo autor. Nessa obra, para chegarmos à composição completa, observamos como o compositor elabora progressivamente a canção, com ênfase em elemento por elemento da sonoridade vocal, que ao final se estabelece como um todo.

Martine se apropria da sonoridade das palavras, construindo um espectro sonoro que cria imagens auditivas, não uma história linear, mas ideias de ambientes sonoros estimulantes e geradores de signos ao ouvinte. Como em nossa infância, quando nossas mães repetiam as canções de ninar ou de brincadeira de roda para que nosso cognitivo apreendesse a canção e nosso imaginário tivesse estímulos para se desenvolver.

O movimento repetitivo de Martine nessa canção nos auxiliou em dois pontos da criação cênica. Primeiro nos fez recordar canções de nossa infância, lembrando-nos de como era fácil cantá-las, pois nosso corpo ainda não possuía bloqueios vocais e estava descobrindo as possibilidades do aparelho fonador. Em um segundo ponto, serviu-nos como ferramenta auxiliar na criação de uma cena teatral.

A música "Visage", do compositor Luciano Berio, interpretada pela cantora Cathy Berberian[26], nos mostra como o uso da voz falada, cantada ou simplesmente emitida em forma de som pode ter uma teatralidade com grande número de signos vocais e contextuais.

Em nosso estudo da gestualidade da voz, essa obra se apresenta em primeiro plano, pois a audição dessa peça musical levou-nos ao desenvolvimento da parte inicial da pesquisa sobre a gestualidade

25 Ver partitura no Anexo 1, 1ª figura.
26 Em C. Berberian; L. Berio, *Visage Soprano & Magnetic Tape*. Ver partitura no Anexo 1, 3ª figura.

A DESCOBERTA DA VOZ

43

vocal e o "teatro para os ouvidos"[27]. A teatralidade de que tanto falamos observa-se durante a execução da obra por Cathy Berberian. Berio ressalta:

> Fui sempre muito sensível, demais até, ao excesso de conotação que a voz tem em si. A voz, do ruído mais insolente ao canto mais refinado, significa sempre alguma coisa, remete sempre para algo diferente dela e cria uma gama vasta de associações: culturais, musicais, cotidianas, emotivas, fisiológicas etc.[28]

A obra se inicia com sons de ar e guturais, sem sentido, que logo nos remetem aos sons de uma mulher com dores de parto, como uma metáfora ao nascimento da palavra. Nessa composição, todos os sons sobrepostos à voz foram elaborados a partir da voz de Cathy, gravada e transformada em estúdio.

Ouve-se mais adiante a junção de vogais e consoantes em sílabas simples, sons de "z" e de "s", risos agudos, curtos e largos, soluços, um grito longo de nascimento, um riso de gozo e finalmente ouvimos a palavra *parole*.

Com palavras inventadas, que não nos remetem a uma língua específica, Cathy inicia uma história, como se estivesse ninando uma criança. A música eletroacústica fica ao fundo como um chocalho para bebês com sininhos. A história parece possuir momentos de perigo e medo, mas logo volta a ter o tom suave. Ouve-se um bocejo, risinhos graciosos e a repetição de *parole*, suavemente.

O riso de Cathy fica cada vez mais forte, como o de uma bruxa malvada, e depois se confunde com o riso de amor maternal. Com a exclamação: "Ah!! Ah!!"

...

27 Termo que Luciano Berio utiliza para qualificar seus estudos da voz na sua música vocal e instrumental, em R. Dalmonte, *Berio: Entrevista Sobre a Música Contemporânea.*

28 Ibidem, p.80.

Repentinamente, ouvem-se sons de tiros e um choro de dor, numa nova metáfora da morte da palavra. E mais choro e um novo riso, agora gutural, que se funde à música. Após essa morte, a voz nos retorna como a de um ser das profundezas do inferno, sendo entrecortada por risos e sons musicais mais fortes. Como um vômito ou espasmo, choro e sons musicais, ouve-se o riso num segundo plano. A música predomina. Temos um suspiro e palavras inventadas com a entonação de contentamento, que comprova que algo mudou.

Nova história, agora em um tom mais adulto, com um certo medo e variações de riso alegre e nervoso. Aos poucos, a música ganha força e a palavra falada desaparece, dando lugar ao canto. A voz de Cathy ainda tenta um protesto, mas é engolida pela música. Ouve-se em um grito *parole* e uma fusão desse grito com um som musical cantado por ela mesma. A música venceu. Ela está acima da fala, das palavras, como um fenômeno perfeito. Em sua parte final, surge uma nova tentativa de discurso, mas a música prevalece.

Esse exemplo abre-nos um grande leque de opções para a gestualidade vocal pretendida, sua teatralidade e comunicação com o ouvinte. Dado importantíssimo para nosso trabalho, pois a comunicação que os sons vocais possuem, independentes da articulação de palavras de uma determinada língua, com seus elementos sígnicos já estabelecidos, se encontra antes relacionada à própria comunicação sígnica da expressão da voz.

Após estudarmos esse material poético e musical, material de base para nossa pesquisa vocal, retornamos aos exercícios práticos anteriormente iniciados.

Munimo-nos também das qualidades vibratórias sugeridas por Grotowski, que nos servem como ilustradoras das etapas sonoras e textuais que chegam até o espectador teatral ou ao ouvinte, para seguirmos com as aplicações da expressão sonora, dos vibradores e do gesto vocal.

> Não se trata de uma questão somente de capturar a melodia com precisão, mesmo se sem isso nada seja possível. É

também necessário encontrar um tempo-ritmo com todas as suas flutuações dentro da melodia. Mas, acima de tudo, é uma questão de algo que constitui a própria sonoridade: qualidades vibratórias que são tão tangíveis que se tornam o próprio significado da canção. Mesmo que não se entendam as palavras, a recepção das qualidades vibratórias é suficiente.[29]

Para obtermos uma reflexão mais apurada sobre esse pensamento de Grotowski e as composições estudadas, retornamos aos exercícios práticos:

1. Sons e movimentos contínuos, profundos, que chamamos de sons de nascimento, por serem muito interiores, como estalar de língua, suspiros, vocalizes com as vogais, entre outros.

2. Estudo do riso e do choro. Aqui percebemos uma linha muito tênue entre esses dois gestos vocais, pois onde acaba o riso se inicia o choro e vice-versa.

3. Estudo da ausência do movimento com a projeção de palavras e ruídos sonoros vocais, para observarmos a expressão vocal sem o auxílio do movimento corporal.

4. A pausa vocal e a ação corporal, onde temos a utilização da apneia respiratória e a sustentação dos movimentos corporais, para alcançar uma complementação gestual.

## Quinto Momento

Todos os procedimentos anteriores de aquecimento vocal e corporal foram realizados integralmente, com um tempo reduzido para

29 J. Grotowski, *Em Busca de um Teatro Pobre*, p. 23.

cada um deles. O tempo restante foi utilizado para a aplicação do exercício descrito abaixo, inspirado nas colocações de Grotowski no livro *Em Busca de um Teatro Pobre*, bastante utilizado e experimentado na presente pesquisa. Ele nos apresenta a existência de camadas pré-expressivas e pré-linguísticas, que acontecem antes da palavra, excluindo a camada da linguagem, mas que se tornam expressivas por sua relação de signos sonoros. O encontro com essas novas possibilidades deve acontecer por um processo de pesquisa individual, com caminhos estabelecidos por um coordenador ou pelo próprio interessado, pois como nos coloca Grotowski:

> Não se pode ensinar métodos pré-fabricados. Não se deve tentar descobrir como representar um papel particular, como emitir a voz, como falar ou andar. Isto tudo são clichês, e não se deve perder tempo com eles. Não procurem métodos pré-fabricados para cada ocasião, porque isso só conduzirá a estereótipos. Aprendam por vocês mesmos suas limitações pessoais, seus obstáculos e a maneira de superá-los. Além do mais, o que quer que façam, façam de todo o coração. Eliminem de cada tipo de exercício o que for puramente ginástico. Deseja-se fazer esse tipo de coisa-ginástica ou acrobacia – façam sempre como uma ação espontânea contada ao mundo exterior, a outras pessoas ou objetos. Algo os estimula e vocês reagem: aí está todo o segredo. Estímulo, impulso, reações.[30]

Com essas preocupações, o corpo livra-se dos clichês e segue um caminho no qual a expressividade vocal ganha força perante as plateias já habituadas a novas estruturas da poesia, como a dadaísta, a poesia visual e a sonora. Usamos, para tanto, um trabalho da desconstrução e repetição das palavras. A repetição até a exaustão é usada para dar ao ouvinte a ideia de dilatação do tempo, permitindo

30 Ibidem, p. 186.

A DESCOBERTA DA VOZ

uma gestualidade vocal ainda não utilizada pelo intérprete nem codificada pelo ouvinte.

No texto escrito, essa relação com o tempo se dá através do espaço entre as palavras, do tamanho da folha, do tamanho das letras, dos espaços entre as folhas e do número de folhas. No caso da fala, o tempo é uma questão quase musical para a duração das palavras, das sílabas e das letras.

Importante observar que estamos falando de um ator ou intérprete que já domina uma técnica tradicional de expressividade vocal e, obviamente, já saiba ler. Pois, caso isso não aconteça, temos que partir de um caminho anterior de conhecimento do aparelho fonador e suas possibilidades de utilização para o teatro, para chegarmos ao caminho de gestualidade vocal a que nos referimos nesse trabalho e que Grotowski nos esclarece:

> Atenção especial deve ser prestada ao poder de emissão da voz, de modo que o espectador não apenas escute a voz do ator perfeitamente, mas seja penetrado por ela, como se fosse estereofônica. O espectador deve ser envolvido pela voz do ator, como se ela viesse de todos os lados, e não apenas de onde o ator está. As diversas paredes devem falar com a voz do ator. Esta preocupação com o poder de emissão da voz é perfeitamente necessária, a fim de evitar problemas vocais que possam se tornar sérios. O ator deve explorar sua voz para produzir sons e entonações que o espectador seja incapaz de reproduzir ou imitar.[31]

O ator deve, segundo Grotowski, conhecer e utilizar seu aparelho fonador e sua fala para que suas palavras e sons cheguem ao espectador por todos os lados, envolvendo-o numa gama sonora que aguça esse sentido, a audição.

···
31  Ibidem, p. 120.

Seguindo essas colocações de Jerzy Grotowski, o exercício proposto segue da seguinte forma:

1. Uso e aplicação de consoantes plosivas e fricativas para a soltura do maxilar e da língua.
2. Sonorização das sílabas simples e compostas, formando palavras, que são repetidas inúmeras vezes com entonações e gestos corporais que seguem a musicalidade e intenção sugeridas.
3. Aplicação e composição de frases sonoras com o auxílio das consoantes.

Os conceitos e exercícios apresentados nesse momento de trabalho realmente proporcionam ao ator o encontro com uma camada pré-expressiva e pré-linguística, levando-nos a explorar os signos sonoros, sua expressividade e o encontro com a musicalidade das palavras.

> A interpretação "naturalista" considera o movimento corporal como anterior e não influenciado pela linguagem verbal, ao passo que a interpretação "linguista" favorece a linguagem verbal. Ambas as interpretações constituem sistemas buscando uma verdade final e estável, no corpo ou nas palavras. Ambas evitam o paradoxo da dança e do movimento: ser simultaneamente física e linguistica.[32]

Observamos nesses momentos de trabalho que a voz e sua expressividade estão além das pretendidas e exploradas cotidianamente pelas pessoas e pelos atores. Portanto, o encontro com os textos escritos e sua poesia foi natural e necessário para a continuidade dessa pesquisa. Sabendo-se que, mesmo com a presença dos textos escolhidos, novas descobertas acontecem, pois um novo universo sonoro se estabelece.

32  C. Fernandes, *Pina Bausch e o Wuppertal Dança-Teatro*, p.28.

# 2.

# A Voz
# Que Guarda Silêncio

*E depois saberei como pintar e escrever, depois da
estranha, mas íntima resposta. Ouve-me, ouve o silêncio.
O que te falo nunca é o que eu te falo e sim outra coisa.
Capta essa coisa que me escapa e, no entanto vivo dela
e estou à tona de brilhante escuridão. Um instante me
leva insensivelmente a outro e o tema atemático vai se
desenrolando sem plano, mas geométrico como as figuras
sucessivas num caleidoscópio.*

Clarice Lispector, *Água Viva*.

Neste capítulo descreveremos o processo de elaboração da primeira aplicação cênica da pesquisa na montagem teatral *A Voz Que Guarda Silêncio*, com os atores Sandra Parra e Alberto Guiraldelli. Nesse projeto de montagem contamos a história de uma mulher que questiona sua feminilidade e sua relação com o homem que ama.

Será apresentado o método pelo qual os elementos técnicos, os conceitos e exercícios abordados no capítulo anterior resultaram nessa montagem do núcleo Delphys, tendo como base o pensamento de Jerzy Grotowski sobre o trabalho do ator e o Método das Ações Físicas de Constantin Stanislávski[1].

No processo de montagem, utilizamos a repetição dos exercícios vocais e corporais, em que a ação performática é desenvolvida em uma estrutura que possa ser reiterada, envolvendo caracterização, narrativa, *mise-en-scène* e montagem.

Uma vez que o trabalho acontece quase sempre sem a presença de público, em ensaios de pesquisa, evitamos o uso de termos como cena, apesar de sua estrutura aproximar-se bastante do conceito ocidental de teatro e de eventualmente poder haver texto escrito, falado ou narrado

---

[1] Constantin Stanislávski nasceu na Rússia, em 1863, e desde jovem sentiu-se atraído pelo teatro. Começou no teatro amador, até que, em 1897, conheceu Vladímir Nemiróvitch-Dântchenco e resolveu fundar o Teatro Popular de Arte, nome original do Teatro de Arte de Moscou, que ficou sob sua direção durante quarenta anos.

na forma de canções. As apresentações públicas são também possíveis, mesmo que elas não sejam o principal objetivo desse trabalho.

A criação dessa estrutura começa por um esboço, sendo este governado por uma série de regras: não improvisar diálogo, não usar violência aleatória, não percutir no chão, não imitar animais até um determinado momento do processo, não se arrastar pelo chão, não imitar estados de transe e não efetuar procissões. Tais elementos caracterizam clichês do teatro ritualístico e experimental, falsamente associados ao trabalho de Grotowski.

As ações, ensaiadas em fragmentos muito menores do que uma cena habitual, podem levar dias para serem concluídas. Nesse contexto, o ator deve se lembrar dos sons vocais básicos que levaram à ação teatral, percebendo onde está cada tensão muscular desprendida na realização do gesto vocal e corporal. Com tal sutileza de detalhes, o aspecto mais difícil ao engendrar uma ação é o de se perceber (a si mesmo) por falta de atenção ou prática.

Nesse processo, o texto aparece em segundo plano, de modo que o ator não fique submisso a ele. Não subestimando a riqueza existente no texto escrito, mas ele tem nesse contexto a função de auxiliar a criação cênica, libertando o ator para criações vocais. O texto funciona para nós como um trampolim, um veículo para a gestualidade vocal.

Inspirados nos preceitos de Artaud, para quem "as palavras serão tomadas num sentido encantatório, verdadeiramente mágico – por sua forma, de suas emanações sensíveis, e já não apenas por seu sentido"[2], eliminamos o texto, mas conservamos as palavras. Elas podem servir como base para resgatarmos uma prática usada nos rituais e cerimônias religiosas, que foi deixada de lado pelo teatro.

Nesse processo criativo, as repetições implícitas incluíram a reconstrução cênica de experiências passadas dos atores, especialmente da infância. Tal reconstrução não envolve necessariamente a repetição de palavras ou de gestos cênicos. Já as repetições formais são constituídas pelos seguintes elementos:

---

2  Teatro da Crueldade (Segundo Manifesto), *O Teatro e Seu Duplo*, p. 146.

1. A exata repetição de uma frase de movimento;
2. A repetição de uma cena com sutis diferenças;
3. A repetição do mesmo evento em diferentes contextos;
4. A repetição de eventos previamente separados.

Um dos objetivos dessa aplicação cênica foi estudar quais detalhes não são utilizados para que a repetição formal de palavras ou de ações físicas auxiliem no processo de elaboração cênica.

A estrutura externa da ação deve ser sempre a mesma. O método de Stanislávski das ações físicas, que reforça a importância do detalhamento físico para descobrir a vida interior de uma personagem, é componente fundamental desse período de trabalho. Os livros *A Construção da Personagem* e *A Criação de um Papel* são obrigatórios em todas as sessões de ensaio.

Mesmo com essa proposta e encaminhamento, os relatos iniciais de nossa atriz são curiosos e apontam o grau de novidade obtida com este processo no seu trabalho como intérprete:

> Não há nada para começarmos. Existem apenas frases, pequenas cenas improvisadas por nós. É tudo separado. Não temos nem um ao outro (um ator com a presença) para começarmos. Então, numa certa altura, ela pega uma cena e junto com outra compõe uma cena diferente da que pensamos. E faz assim durante todo o processo, sempre nos pedindo algo diferente a cada encontro e o resultado acontece, não magicamente, mas após muito trabalho e suor. [3]

Para que nosso percurso tivesse o menor número de crises emocionais possível, elaboramos um cronograma de ensaios bastante cartesiano, pois acreditamos que o ator pode estender suas exigências em relação ao enriquecimento de sua gestualidade vocal e dominar qualquer trabalho vocal, basta para tanto dominar sua própria voz.

---

3 Sandra Parra, em 2000, no diário de notas do núcleo Delphys.

## Cronograma de Trabalho

### 1ª Etapa: 5 encontros, com 20 horas

Exercícios de improvisação vocal e corporal, visando a ampliação dos repertórios vocal e corporal dos atores. Os exercícios que foram utilizados nessa etapa estão descritos no capítulo 1, sendo eles[4]:

- Utilização de vogais e consoantes.
- Respiração contínua e uso da apneia.
- Sonorização de sílabas e palavras para a indução dos movimentos e gestos corporais.
- Utilização de palavras alongadas, secas, trêmulas.

### 2ª Etapa: 10 encontros, com 40 horas

Análise ativa com improvisações e experimentação da proposta de encenação. O texto teatral não esteve presente nesse momento de trabalho. Nesse período, os objetos de cena, figurinos e cenários foram idealizados para posterior produção. Nessas improvisações e experimentos trabalhamos:

- Cenas com palavras inventadas.
- Cenas com vozes alteradas, rezas, palavrões, frases de carinho.

### 3ª Etapa: 25 encontros, com 100 horas

Elaboração das cenas dentro da proposta de direção, com o auxilio das personagens Ofélia e Hamlet, de William Shakespeare, utilizando a repetição e distorção vocal das palavras do texto em busca da gestualidade contida em cada uma delas.

---

4   Ver também aquecimentos iniciais no Anexo 4.

- Construção definitiva das personagens, procurando utilizar ao máximo o material corporal e vocal criado pelos atores.
- Marcação das cenas. Conclusão do cenário, adereços e figurinos. Para a marcação das cenas, seguimos o esquema abaixo:
- Repetir os gestos vocais.
- Gravar e ouvir os gestos vocais experimentados.
- Repetir, imitar o material gravado.
- Memorizar.
- Escolher em qual sequência de texto cada gesto era mais adequado.

Nesse ponto, esbarramos em um pequeno problema: a voz, quando imitada, perde o brilho que possuía na sua primeira emissão, como se estivesse gasta. Essa sensação teve fim quando a repetição dessa gestualidade vocal foi associada ao contexto cênico.

> Não basta emitir, é preciso saber emitir e/ou mentir. Não se diz amor do mesmo modo que se diz torpor, por exemplo. Ou não se expressa um grito de dor da mesma forma que um grito de alegria. A emissão adequada e poeticamente lúdica traduz seu destino mais do que correto, fascinante, tanto de ator para ator, como, e principalmente, de ator para platéia.[5]

## 4ª Etapa: 10 encontros, com 40 horas

Estudo das intenções vocais do texto e a criação de uma partitura vocal, na qual se pretende gerar signos sonoros que ampliem a gama de informações e comunicação da fala. "Desenvolvendo um tipo de dramaturgia sonora feita de fragmentos de diálogos, de montagens."[6]

Elaboração final das marcações cênicas com ensaios corridos e finalização da produção.

---

5 M. Fortuna, *A Performance da Oralidade Teatral*, p. 100.
6 L. Berio, apud H. A. D. Valente, *Os Cantos da Voz,* p.73.

# Do Silêncio à Voz

A cena inicial de *A Voz Que Guarda Silêncio* começa com Sandra imóvel na direita baixa[7]. Ouve-se a música em um volume forte. A imobilidade é quebrada quando se observa um movimento crescente da respiração da atriz, que, pouco a pouco, torna-se maior, como espasmos. Com os braços acompanhando o movimento do tronco, parece-nos que seu corpo cairá à frente. Esses movimentos, que são repetidos por um longo tempo, tornam-se menos precisos, mais livres e fluidos. De repente, seu corpo se inclina para a direita e é projetado para a esquerda, até o balanço que se encontra à esquerda alta do palco. Ela sobe no balanço, virada de costas para a plateia, movimenta as pernas e, com a coluna ereta, impulsiona o balanço e inicia a sequência de texto.

> OFÉLIA: Encontrava-me à beira mar e falava à rebentação, blá, blá, falava, falava, falava... [8]

A respiração aplicada nessa cena foi resultado dos exercícios de respiração que fizeram parte do período de treinamento. De uma forma didática, ela reaparecerá em algumas cenas subsequentes, buscando envolver a plateia ou o ouvinte.

Sandra, com a voz clara e firme, inicia sua fala, repetindo a palavra "falava". Inspirando e expirando continuamente, ela segue uma distorção vocal causada pelo excesso e pela falta do ar em seu organismo, como o realizado pela intérprete Martine Viard na execução da segunda canção das *Recitátions*[9], descrita no primeiro capítulo. Claramente se estabelece ao ouvinte que os textos subsequentes também apresentaram distorções, proporcionando-lhes uma audição particular, de toda a sequência, como a poesia sonora nos proporciona.

•••

7   As áreas do palco têm como referência o corpo do ator.
8   Ver texto completo no anexo 2.
9   Em M. Viard, *Georges Aperghis: Recitations.*

A VOZ QUE GUARDA SILÊNCIO

Os sons e distorções apresentados por Sandra nos lembram muito a descoberta da fala por uma criança, mesmo não sendo esse o sentido que ela quis nos dar. Podemos compreender suas intenções de expressão e comunicação se deixarmos nosso imaginário nos remeter aos signos que uma risada, um choro, um grito e as repetições, com diferentes ênfases, que podemos fazer de uma única palavra.

> Um linguista disse uma vez que, no começo, todo o mundo na Terra falava a mesma língua. Tempos depois, à medida que as culturas se desenvolviam, as línguas se separaram. De certa forma, sinto que isso é verdade, porque o sentido sonoro básico de uma língua pode, frequentemente, ser apreendido mesmo quando não conseguimos entender o sentido literal das palavras.[10]

Esse sentido sonoro básico de uma língua nos descompromete do apego ao sentido literal das palavras que estamos acostumados. A sonoridade abre um novo leque para a interpretação desses signos pelo emissor ou pelo possível ouvinte-espectador.

> OFÉLIA: Os sinos anunciavam o funeral, atrás da urna do eminente cadáver, os conselheiros lamentando-se num luto mal remunerado. Quem é o cadáver no carro funerário / por quem se ouvem tantos gritos e queixas.[11]

Aqui, com um movimento do diafragma, Sandra produz um grito do qual se ouve três sons ao mesmo tempo, dissonantes: um médio, um grave e um mais agudo. Ela precisou, nesse momento, de um aparato respiratório e corporal para relaxar sua musculatura, eliminando toda e qualquer tensão para que sua voz não se tornasse horrível e estrangulada. Combinamos aqui a força do grito com a amplitude do mesmo.

···

10 Y. Oida, *O Ator Invisível*, p. 143.
11 Ver o texto no anexo 2

Sandra Parra em cena de *A Voz Que Guarda Silêncio*.

> OFÉLIA: Entre as fileiras da população fiz parar o cortejo fúnebre, e vi o corpo – Carne vai bem com carne – O luto transformou-se em júbilo, o júbilo em voracidade. Deitei-me no chão e escutei o mundo girar ao passo cadenciado da putrefação.[12]

Durante a cena, nossa atriz utiliza a articulação das palavras dando ênfase a cada uma delas separadamente, ora com mais volume na voz, ora com mais ar e ora com um volume fraco, quase sussurrado, repetindo o exercício de articulação das palavras visto no capítulo anterior. Esse texto foi pensado como se Ofélia estivesse vendo o seu próprio corpo no caixão, após sua morte no rio.

Em toda a sequência, vemos a personagem resgatando sua memória, seus dias de garota, sua iniciação na vida adulta, seus conflitos por entrar nesse mundo de joguetes e dissimulações, que, por sua fraqueza ou ingenuidade, a levaram ao suicídio. Ela se recorda de seu encontro com Hamlet e de como seus atos lhe perturbaram. Hamlet, na cena I, ato II:

12  Ibidem.

OFÉLIA: Me pegou pelo pulso e me apertou com força. Depois se afastou à distância de um braço e, com a outra mão na fronte, ficou olhando meu rosto com intensidade. Como se quisesse gravá-lo. Ficou assim muito tempo. Por fim, sacudindo meu braço, e balançando três vezes a cabeça, soltou um suspiro tão doloroso e fundo, que eu temi pudesse estourar seu corpo, fosse o último suspiro. E aí, me soltou; com a cabeça virada pra trás foi andando pra frente, como um cego, atravessando a porta sem a olhar, os olhos fixos em mim até o fim.[13]

Sandra narra essa saída como a Ofélia faz na obra de Shakespeare, mas não explícita como uma ação, e sim diferenciada pela explosão de ar e palavras durante e sobre a ação, como pequenos fragmentos de um grande amor que fora despedaçado em seu coração.

Essa estrutura foi pensada, pois a narração, ao mesmo tempo em que a ação acontece, nos pareceu simples e explícita. Acreditamos que as palavras estão na ação, assim como a ação está nas palavras, podendo acontecer separadamente ou como complemento uma da outra.

Sandra Parra e Alberto Guiraldelli em cena de *A Voz Que Guarda Silêncio*.

---

13 Discurso retirado da peça *Hamlet-Machine*, de Heiner Muller. Fragmentos desse texto foram utilizados no resultado do livro *A Voz Que Guarda Silêncio*.

A cena em que as duas personagens se encontram é composta de apenas uma frase, não muito longa, mas repetida pelas duas, distorcendo a noção de real, como numa fita gravada e reproduzida em velocidade mais lenta. Nessa cena, eles não devem mudar as palavras, podendo brincar com a pontuação e com a articulação delas, sem ações físicas, somente vocais. A tarefa é traduzir vocalmente ao público o gesto vocal pretendido nessa cena.

> OFÉLIA: Talvez Hamlet me ame, agora, e não haja mácula ou má-fé, só sinceridade nas suas intenções. Mas devo temer, dada a sua grandeza, o fato de não ter vontade própria: é um vassalo do seu nascimento. Não pode, como as pessoas sem importância, escolher a quem deseja, pois disso dependem a segurança e o bem estar do Estado. Portanto a sua escolha está subordinada à voz e à vontade desse outro corpo.

Sandra e Alberto dizem as mesmas palavras, com a diferença de que ela fala na primeira pessoa e ele, na terceira pessoa. Assim, a personagem feminina fala sobre o comportamento de seu amor e a masculina, de seus próprios atos e comportamento.

Na primeira vez em que o texto é dito, procuramos pontuar as palavras e frases "talvez, mácula, má-fé, mas devo temer, não ter vontade própria, vassalo, escolher a quem deseja, a sua escolha está subordinada à voz e à vontade desse outro corpo".

Na segunda passagem desse texto, as mesmas palavras são pontuadas, mas agora ditas ora por um, ora por outro, e não mais ao mesmo tempo. Como os dois estão seguindo o mesmo texto, as vozes se sobressaem devido ao aumento ou diminuição do volume das palavras.

O maior diferencial aparece quando a mesma sequência de texto é repetida a dois fatores somados. O primeiro é a pontuação conjunta das palavras e a variação do volume em que elas são pronunciadas e somadas. O segundo fator é o alongamento das

A VOZ QUE GUARDA SILÊNCIO                                    61

vogais e consoantes, distorcendo as palavras, tornando-as um ruído vocal, carregado de significado semântico, o que chamamos de gesto vocal.

O que resulta no palco a partir das repetições não é apenas individual. O desespero da personagem, do casal em cena, pode representar o desespero do grupo e da humanidade dentro da cadeia de significantes. Após a repetição, em três contextos diversos, o significado emerge, não como um conceito fixo e separado do teatral, mas como algo que, por si só, traz ao espectador uma rede de significados, tanto quanto as palavras.

Essa cena contém em seguida uma ruptura sonora reforçada pela passagem da fala falada à fala cantada[14], que comenta de maneira irônica a relação conjugal dessas personagens.

> Não é o retorno de uma forma, de uma impressão, de um dos eidos e beleza e de bem que nos vem das necessidades de estrutura, de algo humilde, nascido no nível dos mais baixos encontros e de toda turba falante que nos precede, da estrutura do significante, das línguas faladas de modo balbuciante, tropeçante.[15]

Pudemos compreender que a cena, nessa estrutura, expõe a competição e os conflitos individuais presentes durante o processo de aprendizado vocal pelo qual o grupo se submeteu. Repetições e finais incertos de cada cena causaram aflições nos atores, principalmente em Sandra, que detém o maior número de aparições e uma maior sequência de texto.

Na peça, Sandra usa de uma respiração profunda, contínua, às vezes rápida, às vezes fraca, com ou sem falas, em todas as cenas. Começa bem, "com uma sensação boa", como ela mesma diz, mas acaba com um sentimento depressivo e angustiante. Uma pessoa

---

14  Esse recurso da fala cantada é denominado *Sprechgesang* na música erudita.
15  J. Lacan, *Escritos,* p. 50.

que usa esse tipo de respiração sem parar altera a oxigenação do cérebro, mudando seu estado de espírito, podendo causar esse tipo de aflição e até chegar ao choro. Essa aflição também se reflete na plateia, que inconscientemente reproduz os mesmos movimentos do diafragma que o ator em cena.

Esse processo respiratório é repetido pelo ator Alberto Guiraldelli enquanto ele roda em volta de Sandra, batendo os pés e dizendo frases amorosas em tom de xingamentos e agressões verbais, intercaladas por risos sarcásticos e fortes. As risadas do ator retratam o indivíduo Hamlet, que ele representa de forma controlada e direta, em tempos constantes, que criam uma qualidade expressiva oposta aos sentimentos de amor e alegria contidos em suas frases. Essa encenação nos dá a sensação de tempo acelerado, sem preocupação com o sentido de suas frases, mas com a conotação de seu gesto de agressão ao ente amoroso.

> HAMLET: O que foi, Ofélia? Minha encantadora jovem, que significam esses versos? Mas, querida Ofélia .... Como está você, minha bela jovem?

A maior dificuldade do ator nesta cena foi dar a entonação agressiva às palavras carinhosas sem buscar a força na tensão muscular. Imaginemos um ator apertando os punhos e tencionando todo o seu corpo, formando calombos musculares e quase se petrificando. Tudo com muita força, com o objetivo de envolver o público em seu conflito interior. Graças a esse método, sua voz saia como que expulsa da boca, com a mesma pressão e tensão que vemos em seu corpo. Stanislávski chama essa linguagem corporal de atuação em alta voltagem.

Esse é um efeito primitivo que acarreta graves problemas para a emissão da voz, pois tenciona as pregas vocais, podendo, com o tempo, formar calos nessa região e dificultando a fala. Mas Alberto consegue realizar essa cena sem esse método que prejudica a emissão vocal, tornando o momento envolvente por seu lirismo e crueldade.

A VOZ QUE GUARDA SILÊNCIO

Após esse diálogo, ele se retira de cena, procurando realizar exatamente a estrutura proposta por William Shakespeare em *Hamlet*, na cena I, ato II, como foi nos apresentada logo acima.

Após essa ação, a cena se reinicia com uma música sendo cantarolada, em boca chiusa; uma melodia infantil, rapidamente identificada pela plateia como a canção "Teresinha de Jesus". Lentamente, ela revela partes da canção e podemos ouvir uma letra não conhecida. Mais adiante, como em um suspiro de desespero, ela nos é cantada por inteiro. Reconhecemos a poesia recitada por Ofélia, em *Hamlet*, na cena V do IV ato.

> OFÉLIA (*canta*): Amanhã é São Valentin, e bem cedo eu, donzela, pra ser tua Valentina, abrirei tua janela. Ele acorda e se veste, e abre o quarto pra ela. Vê-se a donzela entrando, não se vê sair donzela.

Com essa canção, todo o real sentimento da personagem é vislumbrado, pois contrapõe uma metáfora infantil (melodia da música) a uma de mulher adulta (letra da canção "São Valentin"), sendo dessa forma sugerida a sua entrada enquanto criança no quarto de seu amado e sua saída dele enquanto mulher.

O efeito vocal aplicado na construção dessa cena foi colhido nas audições realizadas pelo grupo durante a primeira parte do processo de pesquisa, e se encontra na canção "Recitátion 13" de Aperghis.

Sandra caminha em direção ao balanço, cantando a canção "São Valentin", e conclui a canção já sentada no balanço. As luzes se apagam e nesse *blackout* ouve-se ainda sua voz como uma tentativa de se manter viva:

> OFÉLIA: Não! Prestem atenção! Por favor! Está morto senhores, está morto. Foi embora. Aos seus pés a lápide fria e a grama verde por fora.

A proposta desse final teve como inspiração o final da canção "Visage"[16], na qual Cathy Berberian procura, com a voz, manter viva a palavra, mas vence a música. Aqui, nossa personagem constata que está morta, fazendo uma alusão ao final da peça *Hamlet*, onde "o resto é silêncio"[17].

Para concluir esse relato, gostaria de abordar rapidamente uma observação do trabalho do ponto de vista da recepção, que me leva a pensar em alterar a sua forma global.

Em minha percepção pessoal, busco o prisma do espectador, deslumbrando-me com as saídas encontradas pelos atores e estando intelectualmente curiosa com eventos que se sucedem. Com o tempo de ensaio, tornei-me mais crítica, mas, mesmo assim, mais receptiva a experiências, como súbitas mudanças na atmosfera cênica. A repetição das cenas e o vislumbre contido no jogo diferenciado entre imagens e conceitos novos e velhos transformam minha visão, minha audição, minha compreensão dos eventos nos quais me incluo.

No entanto, quando o trabalho foi apresentado ao público, os fragmentos foram mostrados apenas em uma sequência, não possibilitando aos espectadores o resultado desse novo universo por mim vislumbrado nos ensaios, resultante das repetições em diferentes sequências. Com o objetivo de recuperar essa riqueza apreendida nos ensaios, acredito que, caso esse trabalho seja levado a público novamente, deve-se contar com uma repetição das cenas em ordens variadas.

> A história da metafísica é o querer ouvir-se falar absoluto. Essa história está fechada quando esse absoluto infinito aparece a si como sua própria morte. Uma voz sem diferença, uma voz sem escritura é, a um só tempo, absolutamente viva e absolutamente morta.[18]

16  Ver exemplo comentado no capítulo 1, p. 46-48.
17  W. Shakespeare, *Hamlet*, ato V, cena II.
18  J. Derrida, *A Voz e o Fenômeno*, p. 115.

# 3.

# O Encontro Com a Vocalidade Teatral

*O fato de não haver sintonia entre as palavras, atos e sentimentos torna o homem não só "escravo das palavras", mas também escravo das convenções que as criam e, por isso mesmo, "escravo do sentir injusto" não conseguindo expressar seus próprios sentimentos.*

Rosa Maria Dias, apud L. H. Gayotto, *Voz, Partitura da Ação*.

Nesse capítulo, descrevemos o processo de montagem da encenação do texto teatral *Sonho (Mas Talvez Não),* de Luigi Pirandello[1], com o segundo grupo de atores, Lucas De Lucca e Mariana Amargos, do núcleo Delphys. Nesse projeto de montagem, mostramos os questionamentos amorosos de um casal que tem como sonho o parceiro ideal. Relatamos os passos efetuados na montagem, para verificar a eficácia das técnicas vocais pesquisadas, sua poeticidade e eficiência estética.

Diferentemente do processo de montagem anterior, onde o objetivo do trabalho era eliminar os objetos utilizados em cena, foi proposto a esse grupo de atores uma reavaliação na diferenciação precisa entre ação vocal e gestual. Eles tiveram um texto como suporte, com toda a estrutura dramática fundamentada, como rubricas, indicação de falas, sugestão de cenário, de ações físicas e vocais determinadas pela pontuação gramatical do texto.

> Os sons têm suas próprias ressonâncias ou "sentidos". Um bom escritor, consciente ou inconscientemente, escreve mais do que uma história, mais do que simples falas ou diálogos. Um bom escritor escolhe os sons. Quando pronunciamos as palavras de um grande escritor (como Shakespeare),

---

[1] Luigi Pirandello (1867-1936), dramaturgo italiano, autor de peças teatrais como *Homem Com a Flor na Boca* e *Nesta Noite se Improvisa.*

mesmo sem compreender a língua, sentimos algo, porque ele escolheu a sonoridade certa. Quando atuamos, precisamos incorporar o respeito pelos sons como parte de nosso trabalho com o texto. Da próxima vez que estiverem diante de um texto, tentem essa experiência. Antes de explorar o sentido de cada frase, ou o conteúdo emocional, o contexto social, tentem simplesmente "saborear" os sons. Se o autor escolheu aqueles sons, devemos respeitá-los. Mas se estivermos muito preocupados com a emoção, talvez nos esqueçamos de pensar na dimensão sonora.[2]

Muitas das palavras que usamos na vida diária são "técnicas" e não têm correspondência emocional. Igualmente, muitas palavras mudaram de sentido através do tempo, de modo que toda e qualquer conexão entre o som e seu eco interior foi perdida. Entretanto, existem ainda centenas de palavras que carregam uma ressonância emocional em suas sonoridades e, como disse anteriormente, um bom escritor irá incorporar essa dimensão ao texto. Por essa razão, devemos sempre tentar "saborear" os sons das palavras dos escritores, já que isso pode ajudar a nos ligar com a qualidade emocional do roteiro.

Quando experimentamos sonoridades e sentimentos no trabalho com o texto, não podemos perder de vista a estrutura lógica de cada sentença. As palavras devem fazer sentido, não importa o que venhamos a fazer com a voz ou com a emoção. Jogando um largo número de possibilidades vocais, mas ao mesmo tempo tomando o cuidado de seguir a gramática, o emissor estará seguro de que estamos comunicando alguma coisa muito específica. Dessa maneira, as palavras se tornam suas, e não meros clichês de respostas.

A distinção entre o processo descrito no capítulo anterior e neste é que o primeiro utiliza os sons com sua vibração pelo corpo do ator para chegar à emissão de um possível texto. Aqui, partimos

---

2   Y. Oida, *O Ator Invisível*, p.150.

O ENCONTRO COM A VOCALIDADE TEATRAL

de um texto dramático para chegar à expressividade vocal de onde iniciamos o primeiro processo.

Nesse trabalho, as ações vocal e física não se resumem ao simples gesto ou aos detalhes externos, mas pretendem combinar impulsos e intenção. "Toda reação autentica tem início no interior do corpo. O exterior (os detalhes ou os "gestos") é somente o fim desse processo. Se a reação exterior não nasce no interior do corpo, será sempre enganadora – falsa, morta, artificial, rígida."[3] Seguindo esse pensamento, elaboramos as seguintes questões para o trabalho:

- O que você quer com seu parceiro?
- Como você quer fazê-lo reagir?

A ação sempre emana de alguma intenção na direção do outro, manifestada e amplificada através do corpo do ator. A partitura vocal e física é composta exatamente desse fluxo de ações e intenções, não de sua manifestação através do gesto corporal somente.

> O texto é como a ponta de um *iceberg*: vemos apenas a ponta, enquanto que abaixo da superfície existe uma massa enorme que passa despercebida. Se tentarmos atingir o sentido de nosso papel somente através do texto, veremos que isso é muito limitado. Não basta. Precisamos descobrir todo o resto do material que não está disponível no texto. Se fizermos isso primeiro, então o texto irá simplesmente surgir quando for o momento de ensaiar.[4]

Para descobrirmos o que está abaixo da ponta desse *iceberg*, partimos dos exercícios vocais feitos durante as leituras do texto *Sonho (Mas Talvez Não)*.

---

3   J. Grotowski, apud L. Flaszen; C Pollastrelli, *O Teatro Laboratório de Jerzy Grotowski*, *1959-1969*, p. 79.

4   Y. Oida, op. cit., p. 151.

Durante as leituras em que as palavras eram articuladas, a pronúncia de cada uma das palavras respeitava seu acento tônico. Com isso, ouvimos com mais clareza cada uma das palavras e encontramos o significado delas. Outro exercício que nos ajudou nesse estudo foi a leitura com entonações, ou seja, leituras em que o ator empregava um tom choroso, alegre, raivoso, amável ou sedutor, entre outros.

A musicalidade de cada cena foi encontrada com o auxílio da prática de leitura cantada, em que cada ator canta as palavras do texto em um ritmo musical: *rap*, canção de ninar ou melodia das canções de igreja.

As leituras pausadas, nas quais o silêncio era sustentado pelas intenções do texto, contribuíram para a utilização da respiração adequada em cada cena teatral, auxiliando-nos, também, na musicalidade destas.

As personagens, construídas após a compreensão do texto, tiveram suas expressões e gestos vocais formatados em personagens/clichês do teatro, como o homem viril, a mulher submissa, o homem cortês e a mulher da vida. Posteriormente, esses adjetivos tornaram-se mais sutis, ressaltando a intensidade que o texto permite a cada uma das personagens, mostrando-nos que ambas estão envoltas em um mundo de intenções, segredos e ironia pessimista, próprio de Pirandello. Como observa Stanislávski:

> Vocês logo compreenderão, assim que tenham se identificado com os verdadeiros objetivos de seus papéis, que não há melhor meio de atingi-los senão através das palavras escritas. Então, vocês se agarrarão a elas com entusiasmo, elas virão ao seu espírito cheias de viço, e não manchadas e gastas por terem sido arrastadas por aí durante o rude trabalho de preparação.[5]

5 Apud L. C. Gayotto, *Voz, Partitura da Ação*, p 34.

Nesse processo, diferente do anterior, as palavras do texto são guias que o ator deve utilizar para a construção vocal. Quanto mais conectada estiver a ação vocal em suas características cênicas e imantada pela criatividade do ator, mais elaborado será seu gesto vocal. Para nós, o texto fica impregnado no treinamento vocal do ator, sendo memorizado por ele de maneira natural e contínua.

Dividimos o texto em três partes: sonho, realidade e lembrança. Partindo dessa divisão, estudamos o ritmo e a musicalidade de cada cena. Essa divisão atuou de forma impulsionadora no trabalho dos atores, pois estabeleceu com clareza onde seus trabalhos físicos e vocais deveriam sublinhar o subtexto.

A peça se inicia no sonho da Jovem Senhora que dialoga com o Homem de Fraque, fruto de sua imaginação. Para ela, ele é forte, ousado, sedutor, e quer dominá-la sexualmente, dando-lhe um valioso colar de pérolas.

Na verdade, esse homem nos será revelado no segundo ato, que transcorre na realidade, como uma pessoa tranquila, carinhosa e pacata, apaixonada pela beleza e riqueza dessa mulher.

Os ímpetos de loucura de nosso personagem masculino, apresentados nos momentos de lembrança, fazem com que nossa protagonista idealize esse homem forte, rude e sexualmente ativo.

Os recursos vocais são sugeridos às cenas em que as personagens se encontram nos momentos de lembrança, refletindo sobre seu passado e, com a voz, recriam as intenções das personagens, não só no plano consciente, mas também nas possíveis matizes de uma expressão inconsciente.

> Pode-se dizer que a ação vocal faz o ator rever sua voz e a da personagem, atualizando os recursos vocais em sua manifestação. Por isso, já aconteceu de atores relatarem o medo de trabalhar a voz, com receio de desestabilizar a interpretação conquistada para a personagem. Como se esta conquista fosse estanque e não contínua! Porém, em várias companhias há um trabalho constante de direção e elaboração do texto

na boca do ator. Desde as primeiras leituras, e também no momento de decorar o texto, é importante ficar atento para não congelar formas de emissão, investigando partituras, interpretações vocais.[6]

Essa gestualidade vocal capaz de metamorfose amplia as nuances da capacidade vocal do ator, que beneficiam a construção e expressão da personagem. O gesto vocal de cada palavra alcança o objetivo de transmitir um subtexto, permitindo ao ator ver com o ouvido, além de acariciar com as palavras. O ator hoje está cada vez mais buscando técnicas para ter uma maior consciência corporal em cena, o que é muito importante, pois nós, atores, necessitamos de um corpo mais flexível e capaz para responder ao contato com os outros atores e com a plateia.

> Com a montagem do espetáculo *Sonho* (*Mas Talvez Não*) de Luigi Pirandello, dirigido por Mônica Andréa Grando, percebi que os atores têm necessidade de maior consciência do corpo. Para começar a perceber o nosso corpo, fizemos um preparo físico utilizando ações físicas e distensão muscular, que Constantin Stanislávski propõe, exercícios de respiração propostos pela ioga, mais especificamente a Hatha-Yoga, alguns exercícios de posturas e relaxamentos propostos por Moshe Feldenkrais e Thérèse Bertherat.[7]

---

6 Ibidem, p.35.
7 Mariana Amargos, em 2001, no diário de notas do núcleo Delphys.

# Cronograma de Trabalho

Para montagem do espetáculo *Sonho (Mas Talvez Não)*, de Luigi Pirandello, foram necessárias duzentas horas de ensaio, divididas em cinquenta encontros de quatro horas cada um. Além do processo de produção do referido espetáculo. A equipe de trabalho foi composta pelos atores Mariana Amargos Vieira e Lucas De Lucca, coordenados por Mônica Andréa Grando, pelo cenógrafo Fábio Jerônimo e pelo ator e sonoplasta Alberto Guiraldelli. Segue o cronograma com as etapas de trabalho:

## 1ª Etapa: 5 encontros, com 20 horas

- Leitura.
- Análise e entendimento do texto.
- Análise das personagens.
- Estudo da obra e do autor.

As palavras – eu imagino frequentemente – são pequenas casas com porão e sótão. O sentido comum reside no solo, sempre perto do "comércio exterior", no mesmo nível de outrem, este alguém que passa e que nunca é um sonhador. Subir a escada nas cãs da palavra (ir para o sótão) é, de degrau em degrau, abstrair. Descer ao porão é sonhar, é perder-se nos distantes corredores de uma etimologia incerta, é procurar nas palavras tesouros inatingíveis. Subir muito alto, descer muito baixo, é permitido ao poeta unir o terrestre ao aéreo.[8]

Na análise do texto, estudamos cada palavra, reunida em grupos conforme seu significado. Estudamos sua pronúncia e composição verbal, sua musicalidade dentro da frase e as possíveis pausas entre

8   G. Bachelard, apud M. Fortuna, *A Performance da Oralidade Teatral*, p. 99.

as frases – as pausas lógicas, psicológicas e *luftpausa* (de respiração) do texto, descritas por Stanislávski.

Ao descobrir essas pausas, os atores constroem figuras vocais, com sons e sílabas que se expandem, transmitindo ao ouvinte as ações e vivências a que elas estão relacionadas. Como uma carícia aos tímpanos dos ouvintes.

## 2ª Etapa: 10 encontros, com 40 horas

Análise ativa do texto com improvisações e experimento das ideias da proposta de encenação[9]. Nesse período, os objetos de cena, figurinos e cenários serão idealizados para posterior produção.

O figurino, os adereços e a maquiagem devem estar enquadrados na década de 1920, período histórico em que se realizam as ações dessa peça. A caracterização é clássica, ou seja, a Jovem Senhora usa um *tailleur* rosa e o Homem de Fraque, como propriamente se descreve, usa um fraque e, num segundo momento, uma roupa de passeio.

A cenografia vem para dialogar com o figurino, já que, perante todo o refinamento do vestuário, apresenta-se um cenário experimental, pois o Homem de Fraque aparece detrás de uma enorme pilha de malas, que aos poucos vai sendo desfeita pela Jovem Senhora, e ainda tem-se um pequeno divã do lado oposto. Mais nada; é como se as personagens estivessem desvirtuadas de sua realidade, fragmentadas.

## 3ª Etapa: 25 encontros, com 100 horas

Elaboração das cenas e da partitura vocal dentro da proposta de direção. Nessa partitura, as falas e as palavras são pensadas de

---

9   Ver aquecimentos vocais para início de estudo no anexo 4.

modo a construir um quadro em diferentes camadas de profundidade, utilizando a metáfora de que elas são como uma pintura com a profundidade que ela possui. Sendo a tela em realidade bidimensional, ela cria uma ilusão de muitos planos em profundidade. Estes parecem ir ao interior, ao fundo da tela, salientando as formas do quadro e levando a pessoa que observa a ver imagens que parecem estar fora do quadro.

Com as falas do texto podemos construir um fenômeno análogo. A palavra mais importante se ressalta com grande força e evidência, como se destacam as imagens de primeiro plano na pintura. As palavras menos importantes criam um segundo plano, dando a profundidade vista nas telas. Essa construção em diferentes planos é feita por diferenciações no volume, velocidade e entonação das palavras faladas.

Nessa etapa, construímos as personagens; já estudadas e compreendidas, marcamos as cenas e concluímos o cenário, os adereços e os figurinos.

## 4ª Etapa: 10 encontros, com 40 horas

- Estudo das intenções, limpeza das cenas com ensaios corridos.
- Finalização da produção com a elaboração dos cartazes, panfletos e material de divulgação para jornais e revistas.

A montagem propõe a valorização máxima do ator. Todos os elementos cênicos estão em função dele. Ou seja, o projeto será fundado no trabalho de ator.

A estética que se pretende experimentar nesse trabalho é a expressionista, já que, em nossas leituras, o texto mostrou um clima de sonho muito particular, sendo reforçado pelo viés expressionista, que propõe como movimento artístico a livre expressão dos sentimentos, sensações ou expressões do artista.

# O Texto Teatral e o Gesto Vocal

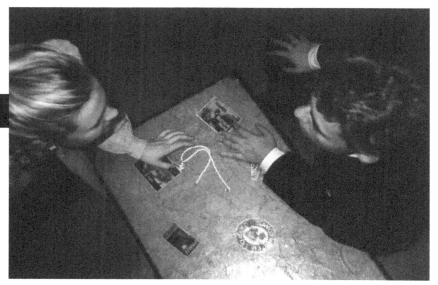

Mariana Amargoz e Lucas De Lucca em cena de *Sonho (Mas Talvez Não)*, de Luigi Pirandello.

A JOVEM SENHORA: Você está aí? Como você entrou?

*O Homem de Fraque a princípio fica imóvel. Depois, voltando-se ligeiramente para olhar para ela, tira de um bolso do colete decotado uma pequena chave brilhante e mostra-lhe. Depois, volta a metê-la no bolso.*

A JOVEM SENHORA: Ah, voltou a encontrá-la? Já suspeitava.

*O Homem de Fraque sorri.*

A JOVEM SENHORA: Por que sorri?[10]

---

10 Os excertos do texto do espetáculo *Sonho (Mas Talvez Não)* citados neste capítulo constam do anexo 3; as imagens da peça, assim como todas as demais, pertencem ao acervo pessoal da autora.

O ENCONTRO COM A VOCALIDADE TEATRAL

Como primeiro ponto, temos, nessa sequência de falas, as pausas vocais de respiração, lógicas e psicológicas da personagem, como se ela estivesse se recusando a falar ao homem que está presente. Sua entonação é gradual, com pausas em um e outro ponto, dependendo do lugar que ocupa na frase. Vemos com isso a surpresa da personagem e o quanto (ou o que) esse homem representa para ela.

> *O Homem de Fraque deixa por um instante de sorrir e olha-a sombrio para lhe dar a entender que com ele é inútil mentir e querer fazê-lo acreditar que a chave foi lhe tirada por causa "da sua última imprudência".*

> A JOVEM SENHORA (*de novo assustada e dominando a perturbação que aquele olhar lhe provoca*): Não te pedi que me devolvesse por outra razão. Estava tão pouco interessada em reavê-la que a pus no bolso sem me dar conta. Deve ter caído do bolso para o tapete quando me levantei, porque a criada do quarto me chamou um momento ali ao lado.

Aqui, a fala se torna suave, mas mantém o suspense inicial, parecendo-nos que está escondendo algo por detrás dessas palavras.

> O HOMEM DE FRAQUE: O que tenho? Nada. Olhando você como? (*Ao dizer isso, aproxima-se dela, inclina-se apoiando um joelho sobre o divã, com uma mão no espaldar e a outra delicadamente no braço dela.*) Não posso ficar longe de você: não consigo viver se não lhe sentir assim, assim junto de mim, se não sentir o cheiro de seus cabelos – esta embriaguez – e a suavidade de sua pele e o perfume de todo seu corpo. A minha vida inteira é você.

Essa fala da personagem masculina é completamente suave, pois seu significado é verdadeiro, além disso, ela nos esclarece o medo inicial da nossa personagem feminina.

O Homem de Fraque fará em todo o início desse ato uma quebra da chamada quarta parede[11], falando diretamente com a plateia. Com esse ato, a personagem nos esclarece todo o seu sentimento com relação à figura da mulher:

> O HOMEM DE FRAQUE: Claro que nem uma mulher pode obrigar um homem, nem um homem uma mulher, a corresponder a um amor que já não se sente. Mas então é preciso ter a franqueza de dizer: "Eu já não te amo". Que mentira? Fazer crer que se ama quando já não é o caso? Mentira inútil. Quem ama de verdade logo se dá conta de que no outro já não há amor. E ai dele se finge não perceber: é ensinar-lhe a traição. Compaixão verdadeira, que não esconde segundas intenções, pode ser, para quem a tenha, apenas compaixão. Já não é amor afirmar o contrário, é corromper essa compaixão. Logo surgirá o desprezo, o desprezo que aconselha e obriga à traição. Até porque somos nós próprios os primeiros a desejar essa traição por não querer nos dar conta da mentira.

Essas frases são ditas claramente ao espectador, de forma jornalística e frisando as que estão relacionadas com o amor entre homem e mulher. Nesse primeiro ato, temos dois momentos de lembrança trazidos pela personagem masculina. Mais tarde, saberemos que todo esse ato é parte do sonho que a Jovem Mulher tem.

## Primeira Lembrança:

> O HOMEM DE FRAQUE: Você sabe que eu duvido sempre e que tenho todas as razões para duvidar. (*Decidido, irá abrir a janela do sonho e fará entrar um exagerado raio de luar*

11  No teatro, denominamos de quarta parede a parede imaginária que separa os atores da plateia, quando o ator quebra essa parede e dialoga diretamente com os espectadores.

> *e um lento e leve barulho de mar.*) Já não se lembra? (*E fica a olhar pela janela aberta.*)
>
> A JOVEM SENHORA (*continua sentada, olhando em frente, como alguém que está a recordar-se*): Ah, sim, é verdade, aquele verão, no mar.
>
> O HOMEM DE FRAQUE (*continua em frente à janela como se, de lá, visse o mar*): Um frêmito prateado sobre a lua.
>
> A JOVEM SENHORA: Sim, sim; na verdade, foi uma loucura.
>
> O HOMEM DE FRAQUE: Eu disse: "Estamos a desafiar o mar sentindo-nos seguros assim, nesta barca que uma onda pode fazer ir ao fundo de um momento para o outro".
>
> A JOVEM SENHORA: E quis meter-me medo balançando a barca de um lado para o outro.
>
> O HOMEM DE FRAQUE: E lembra do que lhe disse mais?
>
> A JOVEM SENHORA: Sim. Uma maldade.
>
> O HOMEM DE FRAQUE: Que queria fazê-la experimentar o mesmo medo que eu sentia por confiar no seu amor. Ficou ofendida. E eu então tentei lhe explicar que, tal como nós dois naquela noite desafiávamos o mar sentindo-nos seguros naquela barca, que a mais pequena onda podia mandar ao fundo de um momento para o outro, eu também tinha a impressão de desafiá-la dizendo-me seguro da pouca confiança que podia inspirar-me com o teu amor.

Nessa sequência, os atores falam seus textos com a voz altamente carregada de ar, como se a respiração reproduzisse o barulho do vento e das ondas do mar. Esse gesto vocal conduziu os atores a movimentos corporais ondulados e fluidos, como o vento e as águas do mar.

Com isso, ressaltamos ao espectador que essa sequência se encontra em um outro plano do que o anterior, no qual as personagens falavam com mais clareza e força na emissão das palavras.

> A JOVEM SENHORA: Eu quero que você use a razão.
>
> O HOMEM DE FRAQUE: Sim, sim, eu uso a razão, eu uso a razão. Tanto quanto quiser, só para te agradar. Para que

não tenha receio, quer que lhe prove que ainda estou em meu perfeito juízo? Pronto, pronto, vou lhe provar. E não tenho medo, eu entendo tudo muitíssimo bem, enquanto a chama do meu espírito estiver acesa aqui (*toca na testa*). Percebo muitíssimo bem, como está me olhando, que o teu amor, que começou a determinada altura, a determinada altura também pode acabar, por causa de um encontro inesperado, um súbito brilho que ofusca, um imprevisto, um irrefreável atiçar dos sentidos...

Esse ponto é muito rico em revelações, pois o Homem usa o próprio raciocínio para mostrar à Jovem Mulher que seu espírito de conquistas amorosas continua aguçado, e que se ele não persuadi--la irá perder seu amor. Ele também nos mostra em suas falas controladas e respiradas pausadamente que está se controlando, preparando-nos para o ápice desse ato.

Mariana Amargoz e Lucas De Lucca em cena de *Sonho (Mas Talvez Não)*, de Luigi Pirandello.

Mais adiante, temos a segunda cena de lembrança.

> O HOMEM DE FRAQUE (*assume de repente a expressão daquele momento. Isto é, a expressão de um cavalheiro que viu numa sala, pelo canto do olho, a senhora por quem está apaixonada ir até à janela para apanhar um pouco de ar e ficou surpreendido por a encontrar ali, por acaso*): Oh, desculpe! Você está aqui? Realmente está um calor insuportável. Já não se consegue dançar. Com este luar tão bonito, mais valia irmos todos para o jardim e ficava aqui alguém a tocar piano. Lá em baixo ouvíamos a música ao longe e dançávamos ali, no espaço à volta do lago, ao fresco.

> (*Ao longe, velando, como se viesse de cima, o som de um piano.*)

> A JOVEM SENHORA (*interrompendo-o*): Mais baixo! Podem nos ouvir.

> O HOMEM DE FRAQUE (*baixo e cauteloso*): Se me disse para não dançar mais consigo, para não darmos muito nas vistas. E agora censura-me...

> A JOVEM SENHORA (*faz-lhe sinal para se calar e depois sussurra-lhe muito baixo*): Vá até lá embaixo no jardim sem que ninguém o veja. Daqui a pouco, assim que eu puder, também vou.

> O HOMEM DE FRAQUE (*feliz, depois de ter olhado à volta para se certificar de que ninguém o vê no salão, pega-lhe na mão e beija-a furtivamente*): Já vou. Fico à sua espera. Não demore!

Para diferenciarmos esta sequência de lembrança da anterior, utilizamos a técnica da fala amplamente articulada, como nos exercícios de voz, e imprimimos nela uma velocidade mais lenta do que a normal. A impressão que temos é de que eles estão realmente em um outro plano, o da memória. Esse tipo de encenação dentro da cena é chamado de metateatro.

A JOVEM SENHORA:  Sim. Que por lhe amar, já não devia desejar mais nada! E então, de propósito, naquela noite, ao
passar em frente da vitrine daquele joalheiro. De propósito, de propósito, sim, quis ser cruel.

O HOMEM DE FRAQUE:  E acha que não me dei conta?

A JOVEM SENHORA: Achou que eu estava sendo cruel?

O HOMEM DE FRAQUE:  Não. Mulher.

Essa é uma sequência ligeira de cena, na qual as personagens se enfrentam claramente e a personagem masculina volta a deixar claro seu pensamento com relação à figura da mulher.

O HOMEM DE FRAQUE:  Sabes muito bem como. Eu disse
"mulher" para corrigir o seu "cruel". Parece-me justo, não
cruel, que naquela noite, ao passar diante da vitrine do
joalheiro, meio sério, meio de brincadeira, tivesse soltado
aquele suspiro de gulodice. (*Imita-a como se fosse uma
criança diante de uma iguaria e acompanha o suspiro com
o gesto que os miúdos costumam fazer quando cobiçam
alguma coisa que lhes faz crescer a água na boca, isto é,
passa rápida e repentinamente as mãos sobre o peito.*) Ah,
como eu gostaria de ter aquele colar de pérolas.

Esse ponto da sequência também é rápido, fortalecendo o pensamento da personagem masculina. Mas, com as palavras e entonações, temos um outro esclarecimento posterior na peça: a personagem feminina sonha com um colar de pérolas caro e magnífico. O seu grande desejo é receber esse colar das mãos desse homem, que lhe inspira amor. Para darmos maior ênfase, os dois atores falam esse texto conjuntamente, com brilho e alegria na voz.

O HOMEM DE FRAQUE:  Ou roubando outros para comprá-la!
É o que estou fazendo! Enquanto isso, viu só? Outras
mãos tiram da vitrine o colar de pérolas, para você, e você

Mariana Amargoz e Lucas De Lucca em cena de *Sonho (Mas Talvez Não)*, texto de Luigi Pirandello.

sabe, você sabe! (*Nesse instante abandona e vira-se para ela, terrível.*) E se atreve a me dizer que não quer que eu as dê! Claro, já que não quer que seja eu a lhe dar! Vais recebê-las de outro! Você já me traiu, miserável! (*Agarra-lhe os braços porque ela, assustada, se levanta para fugir dele.*) E eu sei quem é! Sei quem é! Miserável! Miserável! (*Sacode-a.*) Voltou a andar com teu antigo amante que acaba de chegar de Java, onde fez fortuna! Eu o vi! Eu o vi! Ele ainda se mantém à distância, mas eu o vi!

A JOVEM SENHORA (*que se terá debatido para fugir ao braço do Homem de Fraque, consegue neste momento fugir dele*): Não é verdade! Não é verdade!

O HOMEM DE FRAQUE (*agarra-a de novo e, obrigando-a brutalmente a sentar-se, avança sobre ela, pondo-lhe as mãos à volta do pescoço como se fosse estrangulá-la*): Não é verdade? Pois se estou lhe dizendo que o vi, miserável! Você está esperando que ele lhe dê aquelas pérolas, enquanto eu sujo as mãos para você roubando os meus amigos no jogo, miserável, miserável, para contentá-la, para satisfazer a tua crueldade!

Aqui concluímos o primeiro ato. A voz de Lucas fica alterada pelo ápice da cena, há um aumento de volume que beira o grito, contrastando ao de Mariana, que está sufocada pelas mãos que simulam um estrangulamento. Seus corpos respondem ao gesto vocal, sem contradizê-los. A cena se encerra, abrindo logo em seguida para nos levar ao ato teatral que se passa no plano da realidade.

Em toda a sequência que segue até o final da peça, as personagens invertem seus comportamentos, mostrando-nos como o Homem é calmo, tranquilo e compreensivo, enquanto a Mulher é brava, altiva e decidida, diferente do apresentado no primeiro ato.

O diferencial vocal dado a esse ato possui um caráter mais sutil e está na entonação maliciosa feita por Mariana e na suave e aflita feita por Lucas. A precisão, tanto física quanto vocal, foi associada nessa montagem com caracterizações sutis e amplas. A interpretação não só seguiu as circunstâncias dadas pelo texto, mas foi associada aos momentos em que o ator absorve seus sentimentos e os expressa através da gestualidade de sua voz. Temos a sensação de estarmos em um delírio, como aponta Lucas De Lucca:

> Com os signos vocais, exclamamos nossos sentimentos; nas réplicas e monólogos, escutamos nossa respiração, como um pulso forte além da nossa própria pulsação. Vivemos os momentos tempestuosos, mas nos entristecemos quando eles se acabam.[12]

A reação da plateia nas apresentações públicas dessa montagem foi a de uma identificação mais rápida com os gestos vocais, pois cada um abrange uma sequência maior de texto, diferente da

---

12 Lucas De Lucca, em 2001, no diário de notas do núcleo Delphys.

montagem anterior, na qual cada gesto se encontrava fragmentado por toda a ação dramática.

O ator pode agora cultivar a semente da gestualidade vocal, treinando-a e aperfeiçoando-a a cada novo ensaio ou apresentação, proporcionando ao ouvinte/espectador uma gama sígnica mais ampla e criativa.

> Através da voz, a palavra se torna algo exibido e doado. Em casos extremos, o sentido das palavras deixa de ter importância. É a voz em si mesma que nos cativa, devido ao autodomínio que manifesta... Assim nos ensinaram os antigos com o mito das sereias. As sereias em suas ilhas atraíam os navegantes pelo encantamento de suas vozes. Ulisses conseguiu escapar pedindo que o amarrassem ao mastro de seu navio e tapando com cera os ouvidos da tripulação. Na antiguidade, as sereias costumavam ser representadas como figuras míticas, semipássaros, semimulheres. A voz é o instrumento da profecia, no sentido em que ela a faz.[13]

---

13 P. Zumthor, *Performance, Recepção, Leitura*, p. 4.

# 4.

# O Terceiro Texto

> O silêncio fenomenológico só pode, portanto, se reconstituir por uma dupla exclusão ou dupla redução: a da relação com o outro em mim, na comunicação indicativa, a da expressão como camada ulterior, superior à do sentido. É na relação entre essas duas exclusões que a instância da voz fará ouvir a sua estranha autoridade.
>
> J. Derrida, A Voz e O Fenômeno.

Para definirmos o que chamamos de "terceiro texto", realizamos um estudo paralelo dos dois processos de montagem anteriores e elaborarmos uma leitura dos elementos constitutivos da linguagem cênica.

Seguimos o princípio de que a elaboração cênica parte ora de um texto teatral, ora da gestualidade vocal, que propõe uma relação sígnica entre a sonoridade e o significado semântico da palavra. Buscamos em Grotowski mais alguns conceitos que sustentam esses princípios.

Na busca de uma gestualidade teatral, Grotowski propõe uma elaboração gestual e não uma cópia dos significados psicológicos ou de estruturas linguísticas. Ele coloca que o signo orgânico, e não o signo comum, é a expressão elementar. Observamos que, para ele, signo orgânico quer dizer exatamente o contrário de signo comum, que é facilmente visível e reconhecido. Dessa forma, o ator deve evitar usar a gestualidade convencional, que tem um significado visível de um grupo cultural ou de uma classe social. Essa seria uma utilização semiótica de um repertório de signos convencionais e estereotipados.

O ator deve se esforçar por achar gestos vocais que jamais foram inventados, devendo buscar sua gestualidade vocal em si mesmo, e não em um sistema preexistente de signos.

Dessa forma, não somente o gesto do ator não é conhecido como expressão de um significado preexistente no nível da linguagem, mas ainda, a gestualidade se emancipa. A proposição clássica é aqui inteiramente revista.[1]

A gestualidade vocal, seguindo esse conceito, permite ao ator encontrar uma sonoridade do texto com a própria voz, sem perder seu significado semântico. Se a palavra envolvida por uma gestualidade vocal comunica algo ainda não semiotizado, e que vai além da palavra, o resultado leva o ouvinte a gerar novos signos semióticos.

Buscamos uma comunicação que foge dos estereótipos, fazendo com que o ator realize um mergulho nas possíveis sonoridades expressivas de seu aparelho fonador, de forma autônoma e individual. Pois cada ator possui uma classificação vocal: *soprano*, *mezzo*, *contralto*, *baixo etc.*, além de possuir um repertório corporal com nomenclatura e imagens próprias. Esse repertório foi explorado nas premissas dessa pesquisa. E das matrizes individuais elaboramos um novo repertório vocal para cada ator, que resultou na sonoridade pretendida, a qual chamamos de "terceiro texto".

Sendo assim, temos três diferentes textos nos resultados cênicos elaborados durante os dois anos de pesquisa:

- O texto teatral escrito, em um primeiro plano, mesmo quando não origina a cena.
- O texto falado em seu significado corrente.
- A sonoridade vocal construída além do significado universal da palavra, que fará referência a outros fatores, como intenções psicológicas das personagens ou descrições de espaço ou ambientes externos.

---

[1] P. Pavis, apud R. Ferracini, *A Arte de Não Interpretar Como Poesia Corpórea do Ator*, p. 116.

O "terceiro texto" é a composição vocal construída para a fala do texto escrito, a qual o espectador percebe de início, sem se dar conta racionalmente. Com o decorrer do espetáculo, o espectador recebe, pouco a pouco, essa informação, pois ela lhe provoca sensações emocionais (como angústia, tristeza, raiva, vertigem), causadas pelos gestos vocais previamente elaborados pelos atores.

A gradual transformação dessa gestualidade vocal permite que a voz do ator encontre um fluxo, uma musicalidade em suas mudanças vocais, não somente nos ritmos, mas também na entonação da fala.

> Cada língua contém, de fato, não somente uma musicalidade própria, intuitivamente percebida por qualquer pessoa, mas também todo um sistema musical potencial de sua fonética, sua agógica, sua entonação particular, e o trabalho do compositor pode consistir em tornar explícita essa música latente.[2]

A transformação do gesto vocal é fundamental em nossas montagens porque cremos que ela acorda a percepção do espectador para os possíveis sentidos da palavra.

> Todos os ruídos têm um sentido, todos são ritmados, fundem-se numa espécie de grande respiração do trabalho comum no qual é inebriante tornar-se parte. Tão mais inebriante quando são os sentimentos de solidão. Só os ruídos metálicos, rolamentos que giram, mordidas no metal; ruídos que não falam da natureza, nem de vida, mas da atividade séria, mantida, ininterrupta do homem sobre as coisas. Fica-se perdido neste grande rumor, mas ao mesmo tempo, dominamo-lo porque sobre esta nota grave, permanente e sempre em

---

2  F. B. Mâche, apud H. A. D Valente, *Os Cantos da Voz*, p.104.

> mudança, o que sobressai é o ruído da máquina que cada
> um maneja. Não é possível sentir-se pequeno dentro de
> uma multidão, vem o sentido de indispensabilidade de cada
> um. As correias de transmissão, onde elas existem, permi-
> tem que se beba com os olhos esta unidade de ritmo que
> o corpo sente através dos barulhos e pela ligeira vibração
> de todas as coisas.[3]

Para nós, o ruído vocal possui um papel importante, tendo sua possível elaboração no aparelho fonador humano. Ele deve ser explorado na sua plenitude, sem reduzir a quantidade de ruídos que podemos emitir, permitindo-nos uma ampliação da expressão estética. Portanto não desprezamos os movimentos musculares da laringe, da respiração e outros, como sons vocais, que formam o gesto vocal e sua comunicação.

Cada som ou ruído, em nosso trabalho, cumpre sua função gestual, que enlaça o ouvinte com sua sonoridade e lhe possibilita gerar signos sonoros, que por sua vez estimulam seu inconsciente. O gesto vocal se compõe dos elementos sonoros que apresenta-mos anteriormente, dos ruídos, e forma a cena teatral como o "terceiro texto".

O "terceiro texto" é para nós uma camada sonora expressiva que está além do texto escrito e dele oralizado. Ele se localiza na terceira camada de compreensão, permitindo ouvir e visualizar os ambientes onde se encontram as personagens e seus estados emocionais.

Como exemplo, citaremos a emissão vocal na música e vere-mos que ela é próxima ao que propomos, complementando o nosso trabalho.

> O parâmetro *altura* evidencia a inflexão melódica da frase,
> o registro vocal (como aos vários matizes entre o grave e o

---

3   Simone Weill, apud H. A. D Valente, op. cit., p. 39.

agudo); o *timbre* permite-nos reconhecer as qualidades da voz (sexo, idade, emissão gutural, nasalada etc.); os *modos de ataque* (maneira mais ou menos ligada de emitir o som) possibilitam perceber a articulação fonética (clareza na pronúncia) e o contorno do fraseado, sob o aspecto da textura; a *intensidade* controla as gradações de energia de emissão vocal, do sussurro ao grito; a *duração* estabelece a maior ou menor brevidade na emissão do fonema, no âmbito da palavra; da palavra no âmbito da frase. Somem-se a estes referenciais muitos outros, tais como *andamento* (a velocidade da fala), *acento, pausa* (silêncio).[4]

O paralelo entre esses parâmetros, apontados por Heloisa Valente, e nosso trabalho estabelecem a seguinte relação: os "modos de ataque" aparecem nos exercícios com palavras sem sentido semântico ou com as palavras amplamente articuladas para a clareza na pronúncia, nas improvisações com vozes alteradas ou rezando, cantando e reclamando. A *intensidade* foi estudada nos primeiros exercícios de respiração e na emissão das palavras (com o controle da saída do ar, sussurrando, gritando, falando, até a apneia). A *duração* esteve presente nos exercícios com as recitações lentas, pausadas e com velocidade alterada na emissão das palavras. A *altura* e sua evidência da inflexão melódica foram estudadas quando nossa pesquisa buscou, na música vocal, novos parâmetros.

---

4   H. A. D. Valente, op. cit., p. 105.

# A Emissão da Voz na Música
# e o Gesto Vocal no Teatro

Uma das técnicas vocais da música do século XX é o *Sprechgesang*, a fala cantada. Para nós, essa técnica funciona na música, assim como o gesto vocal estudado nesta pesquisa. O *Sprechgesang* cria uma camada expressiva que também poderíamos chamar de "terceiro texto", pois a recepção do ouvinte é similar à do nosso espectador.

Se, em nossa pesquisa, pudemos estabelecer a existência de três textos, também na música vocal pode-se verificar a existência de três objetos distintos:

- Partitura e poema escrito.
- Texto emitido (com o significado oral das palavras).
- Canto falado.

A diferença entre essa música e nosso trabalho teatral é que no primeiro texto, a partitura determina diretamente os dois seguintes. Em nossa pesquisa, o terceiro texto não é determinado pelo texto teatral escrito, mas desenvolvido no processo de montagem, mesmo que seguindo caminhos diferentes.

Podemos visualizar com essas colocações que o gesto vocal possui uma afinidade com a música e encontra nela subsídios para seu fortalecimento como técnica vocal e fator de elaboração estética de uma cena teatral.

Murray Schafer[5], compositor canadense e autor de obras de grande importância na área da educação musical, apresenta em seu livro, *O Ouvido Pensante*, um quadro detalhado da emissão vocal na música ocidental:

---

5 Murray Schafer é autor dos livros *Lê Paysage Sonore* e *O Ouvido Pensante*.

| Máximo Significado | |
|---|---|
| 1. Estágio-fala | deliberada, articulada, projetada. |
| 2. Fala familiar | não projetada, em forma de gíria, descuidada. |
| 3. Parlando | fala levemente entoada, algumas vezes utilizada pelos clérigos. |
| 4. *Sprechgesang* | fala cantada (a curva de altura, duração e intensidade assumem posições relativamente fixas). Schoenberg utiliza-se de trigramas para indicar *Sprechgesang*. |
| 5. Canção silábica | uma nota para cada sílaba. |
| 6. Canção melismática | mais do que uma nota para cada sílaba. Na música do século XVI sílabas únicas são frequentemente abrandadas através de toda a composição. |
| 7. Vocábulos | sons puros; vogais, consoantes, agregados ruídos, canto com a boca fechada, gritos, riso, sussurro, gemido, assobio etc. |
| 8. Sons vocais manipulados eletronicamente | pode-se alterá-los ou transformá-los completamente. |
| Máximo Som | |

Comparando esse quadro com nossa pesquisa, percebemos que ela tem gradações diferentes – talvez por se originar do trabalho teatral – que resultam em um novo quadro.

| | |
|---|---|
| 1. Estágio-fala | palavras emitidas sem sentido semântico, articulação livre de palavras, projeção de sons pelo espaço. |
| 2. Fala familiar | conversas cotidianas com ou sem o uso de gíria, fala tranquila. |
| 3. Parlando | fala entoada, como canções de *rap*, samba, canto litúrgico, e como nas missas realizadas pelos clérigos. |
| 4. *Sprechgesang* | fala cantada (a curva de altura, duração e intensidade assumem posições relativamente fixas). Schoenberg utiliza-se de trigramas para indicar *sprechgesang*. |
| 5. Vocábulos | sons puros; vogais, consoantes. |
| 6. Canto | canto com a boca fechada, ou aberta e/ou projetada. |
| 7. Sons vocais manipulados eletronicamente | pode-se alterá-los ou transformá-los completamente. |
| 8. Ruídos | sons produzidos pelo aparelho fonador, que remetem a ambientes como mar, estação de trem, interior de um avião, salão de festas, gritos, riso, sussurro, gemido, assobio etc. |

Com esse painel, podemos observar que em todo o nosso processo de trabalho as premissas experimentadas seguiam um caminho paralelo e, às vezes, até concomitante ao da música vocal. Como podemos observar também nos estudos feitos no quarto momento de nossa pesquisa.

# Elaboração de Quadros Comparativos das Duas Montagens

Buscamos referenciar os processos de construção cênica, tendo como ponto de partida a voz do ator, as ações propostas ou não pelo texto teatral e o gesto vocal, para mostrarmos como o terceiro texto foi atingido nas duas aplicações cênicas desenvolvidas nesta pesquisa. Para isso, elaboramos dois quadros referentes a esses processos[6], usando como modelo os desenvolvidos por Renato Ferracini em seu livro *A Arte de Não Interpretar Como Poesia Corpórea do Ator.*

| Primeira Aplicação Cênica: *A Voz Que Guarda Silêncio* | |
|---|---|
| Direção | 4º nível de enunciação |
| Elementos técnicos (cenografia, figurino, iluminação) | 3º nível de enunciação |
| Dramaturgia e texto | 2º nível de enunciação |
| Cenário, luz, sonoplastia | 5º nível de enunciado |
| Figurino, maquiagem (em intenção semântica) | 4º nível de enunciado |
| Ator | 1º nível de enunciado |
| (Ação vocal e física) | |
| Voz e corpo (aspectos internos) ← | 1º nível de enunciação |
| Gesto vocal e corporal (aspectos externos) ← | 1º nível de enunciação |
| Personagem | 2º nível de enunciado |
| | Relação do gestualidade vocal |
| Espectador ← | |

...

6  Nesse quadro, o termo enunciação é utilizado com sentido de expresso, declarado, ato realizado por aquele que enuncia; e o termo recepção é utilizado com o sentido de ato ou efeito de receber alguém ou algo, ato destinado ao receptor.

|  |  |
| --- | --- |
| **Segunda aplicação cênica:** *Sonho (Mas Talvez Não)* | |
| Direção | 3º nível de enunciação |
| Elementos técnicos (cenografia, figurino, iluminação etc) | 2º nível de enunciação |
| Dramaturgia | 1º nível de enunciação |
| Cenário, luz e sonoplastia | 4º nível de enunciado |
| Figurino, maquiagem | 3º nível de enunciado |
| **Ator** | 3º nível de enunciado |
| Texto, gesto, voz e ← | |
| **Personagem** | 1º nível de enunciado |
| Relação do gesto vocal | |
| Espectador ← | 1º nível de recepção |

Observando os quadros acima, vemos que todos os elementos aparecem nos dois de maneira equiparada. Comparando-os, notamos que a principal diferença é a construção cênica através da emissão vocal (primeiro quadro) e a construção cênica através do texto teatral (segundo quadro). A relação com o espectador permanece a mesma.

No primeiro quadro, a partitura vocal, a voz e o corpo se encontram no primeiro nível de enunciado, estando o ator em primeiro plano e a personagem, em segundo. Já a dramaturgia e o texto se encontram no nível terceiro de enunciado.

No segundo quadro, o texto, o gesto, a voz e a personagem vêm em primeiro nível de enunciado, assim como a dramaturgia, sendo que o ator se encontra no terceiro nível.

Vale ressaltar que, em ambos os processos, a direção teve como funções estimular o desenvolvimento dos recursos vocais, compor os gestos vocais e as cenas dentro das montagens teatrais.

O TERCEIRO TEXTO

Observamos também que a gestualização da voz, mesmo que construída em momentos diferentes de cada processo, é percebida pelo espectador no mesmo nível de recepção.

Toda a carga expressiva e semântica está na própria ação vocal, que passa a ser o "texto" do ator como um "terceiro texto", aquele que é recebido pelo espectador em um mesmo nível que o texto escrito e falado.

Como já deve ter ficado claro, as duas maneiras de chegar ao gesto vocal e ao "terceiro texto" são possíveis, bastando atores e diretor estarem de acordo com a possibilidade de uso do instrumento vocal. Nesse "terceiro texto", o ator deixa transparecer seu repertório pessoal de sons vocais e torna concreto ao público a expressividade contida na palavra falada.

> A arte da oralidade consiste em reviver e potenciar a expressão escrita consagrada pelo autor. As palavras escritas, para o ator, são seres *dormentes*; as palavras faladas são seres *moventes*, *viventes*, *dementes*. Estas sincronias, diacronias e, por sua vez até anacronias entre a solidão escritural (texto/autor) e a volatilidade oral (voz/ator), são eternas quando eternas são as discussões entre verbo e fala. O ator, mais do que ninguém, vive entre, para e com o dilema desta confrontação. Entre autor (escritura) e ator (oralidade e gestualidade) impõem-se tempo, espaço, pesos e conceitos de valores diversos: o que é mais vivo, o que é mais morto, o que é mais belo, o que é mais arte – a escritura, algo imperecível, ou seu corpo vivo, no teatro, algo efêmero, a oralidade.[7]

Com o gesto vocal, a voz é mais que um prolongamento do corpo, passa a ser o elemento de impulso para as ações físicas e sua linguagem corporal. A expressão vocal no teatro deve ser lida como um conjunto ativo e ativador de sons diversificados, codificados ou não,

---

7   M. Fortuna, *A Performance da Oralidade Teatral*, p. 78.

mas sempre com algum objetivo. O ator faz um jogo permanente de fazer e desfazer na criação cênica. O corpo, a fala, o gesto andam de mãos dadas, em uma práxis única, tecendo juntos uma sinfonia carregada de intenções, que se desenvolvem das personagens aos atores e dos atores às personagens e dos atores para os atores.

Como vemos, a relação entre a voz e o corpo não é neutra ou distante. Eles caminham juntos, sendo um continuidade do outro. Assim também "o terceiro texto" com sua gestualidade vocal, onde os sons nos banham continuamente com suas vibrações audíveis e até mesmo inaudíveis, está de mãos dadas com a palavra falada e o texto escrito.

A conclusão a qual chegamos é a de que a aplicação do gesto vocal em uma montagem teatral, partindo de um texto ou não, é possível, atingindo o objetivo de chegar ao "terceiro texto" como uma camada da expressão estética diferenciada, que produz um resultado poético particular na encenação teatral que estamos buscando.

O ator estabelece com o espectador uma relação aberta ao mostrar como a técnica vocal lhe serviu em seu trabalho de criação. Ele faz com que a voz deixe de ser apenas mais um instrumento de expressão e passe a ter papel fundamental em seu processo de criação.


## A Expressão e a Comunicação Vocal – Expectativas

A gestualidade vocal nos mostrou que as possibilidades de sua utilização e aplicação no teatro são esteticamente interessantes e possíveis, bastando que as partes encarregadas da produção teatral queiram aplicá-las.

Entretanto, deixemos bem claro que não existe um método preestabelecido para o trabalho vocal no teatro. Essa afirmação pode parecer contraditória, já que o presente trabalho trata

O TERCEIRO TEXTO

justamente de uma proposta metodológica de trabalho vocal do ator junto ao teatro físico.

As potencialidades vocais de cada ator são diferentes e estão em constantes mudanças fisiológicas. Mesmo com mais essa contradição, esse trabalho é uma ferramenta para formação vocal do ator.

As palavras são efêmeras e perigosas para afirmar e teorizar qualquer vivência prática no âmbito teatral, tendo em conta que a pesquisa apenas inicia seu percurso. Dessa forma, chegamos à conclusão de que esta pesquisa abre um espaço para trabalhos sobre as possibilidades da comunicação e expressividade da voz no teatro físico.

> O teatro não é uma ciência exata, um território onde se podem alcançar certos resultados objetivos, transmiti-los e desenvolvê-los. Os resultados e as soluções são encontradas pelos atores e morrem com eles. Porém, os espectadores percebem como sinais objetivos as ações articuladas do ator que, por outro lado, são o resultado subjetivo. Como pode fazer o ator para ser a matriz dessas ações, e, ao mesmo tempo, estruturá-las em sinais objetivos cuja origem se encontra em sua subjetividade? Esta é a verdadeira essência da expressão do ator e de sua metodologia. É impossível descobrir a fórmula, o material, os instrumentos que poderiam descobrir a fórmula, o material, os instrumentos que poderiam dar uma resposta definitiva a essa pergunta. [8]

A nós fica cada vez mais claro que o caminho da pesquisa experimental no teatro físico abre um leque de respostas sobre o universo de criação do ator. Talvez não exista uma única resposta. Talvez o mecanismo de criação seja tão mutante, que através dos tempos o ator reflita sobre novas perguntas e encontre novas respostas. Mas é verdadeira a afirmação de que com a pesquisa o

...

8   E. Barba, *Além das Ilhas Flutuantes*, p. 32.

ator encontrará seu caminho, pois, com seu trabalho, cada ator, intérprete ou diretor terá suas respostas em seu próprio corpo, em sua própria voz e fazer.

Esse trabalho provoca a busca das respostas sem tê-las como certas e absolutas, não tendo a mínima pretensão de ser única, certa ou singular. Ele apenas abre um novo leque no campo da expressividade vocal do ator.

Com essas reflexões, procuramos trazer uma contribuição em especial aos atores, aos profissionais da voz e aos preparadores vocais de grupos de teatro. Esperamos que esse seja mais um caminho que fomente a pesquisa das possibilidades vocais do ator no teatro brasileiro. Acreditamos ser possível edificar uma técnica vocal para o ator, algo que construa uma gramática para o trabalho vocal, que vá desde os exercícios mais simples de emissão da voz até os mais expressivos, como alguns apontados nesse trabalho.

Com o caminhar da pesquisa, vemos que a voz possui uma gestualidade própria, que abrange uma gama de signos sonoros importantes na comunicação dos indivíduos, não só dos atores quando estão representando seus papéis.

A expressão vocal possui uma gestualidade capaz de abraçar o espectador e conduzi-lo ao centro da ação dramática, levando-o a sentir as emoções das personagens e a refletir sobre os temas apresentados pelos autores em seus textos teatrais.

O núcleo Delphys continua suas pesquisas, ampliando cada vez mais o repertório vocal e corporal dos atores, incorporando cada vez mais outras técnicas de trabalhos corporais.

> Eu não grito, vocês é que gritam em meu lugar. Eu somente abro a boca. A minha função é levar gradualmente meu papel até o seu ponto culminante e, depois disso feito, o público que grite, se sentir que é preciso.[9]

---

9    C. Stanislávski, *A Construção da Personagem*, p. 171.

# Anexos

# Partituras Musicais

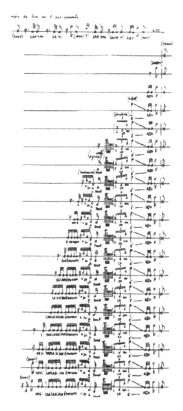

Trecho da partitura "Récitacion 13", de Georges Aperghis, 1992.

Trecho da partitura de "Récitacion 5", de Georges Aperghis, 1992.

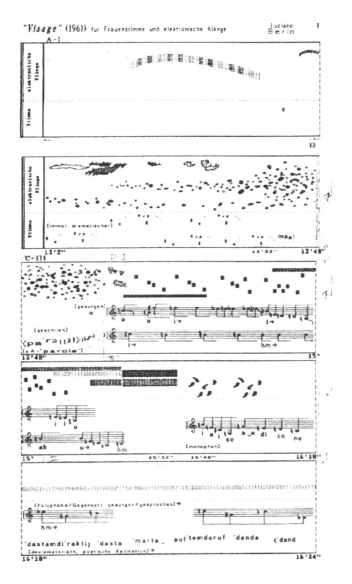

Trechos da partitura de "Visage", elaborada pelo compositor Flo Menezes após a obra estar completa e gravada, com aprovação do compositor Luciano Berio.

## A Voz Que Guarda Silêncio

OFÉLIA: Encontrava-me à beira-mar e falava com a rebenta-
ção – blá-blá. Os sinos anunciavam o funeral, atrás da
urna do eminente cadáver, os conselheiros lamentando-
-se num luto mal-remunerado. Quem é o cadáver no
carro funerário/ por quem se ouvem tantos gritos e quei-
xas / entre as fileiras da população fiz parar o cortejo
fúnebre, e vi o corpo – carne vai bem com carne. O
luto transformou-se em júbilo, o júbilo em voracidade.
Deitei-me no chão e escutei o mundo girar ao passo
cadenciado da putrefação.

*(Som e ação.)*

OFÉLIA: Sou aquela a quem o príncipe Hamlet surgiu com
o gibão todo aberto, sem chapéu na cabeça, os cabelos
desfeitos, as meias sujas, sem ligas, caídas pelos tor-
nozelos, branco como a camisa que vestia. Os joelhos
batendo um contra o outro, e o olhar apavorado de quem
foi solto do inferno. Me pegou pelo pulso e me apertou
com força. Depois se afastou à distância de um braço
e, com a outra mão na fronte, ficou olhando meu rosto
com intensidade como se quisesse gravá-lo. Ficou assim
muito tempo. Por fim, sacudindo meu braço e balançando três vezes a cabeça, soltou um suspiro tão doloroso
e fundo que eu temi pudesse estourar seu corpo, fosse o
último suspiro. E aí, me soltou, com a cabeça virada pra
trás foi andando pra frente, como um cego, atravessando
a porta sem a olhar, os olhos fixos em mim até o fim…
Surgiu, fugiu, batendo, pegou, apertou, afasta, ficou,
quisesse, sacudindo, balançando, temi, soltou. Atravessando a porta sem a olhar, os olhos fixos em mim até o
fim. Talvez Hamlet me ame, agora, e não haja mácula

ou má-fé, só sinceridade nas suas intenções. Mas devo temer, dada a sua grandeza, o fato de não ter vontade própria: é um vassalo do seu nascimento. Não pode, como as pessoas sem importância, escolher a quem deseja, pois disso dependem a segurança e o bem estar do Estado. Portanto a sua escolha está subordinada à voz e à vontade desse outro corpo. (*Seu corpo gira num turbilhão de imagens.*)

HAMLET:  O que foi, Ofélia?

OFÉLIA:  Como distinguir de todos o meu amante fiel? Pelo bordão e a sandália, pela concha do chapéu.

HAMLET:  Minha encantadora jovem, que significam esses versos? Mas, querida, como está você, minha bela jovem? Bem! E Deus vos ajude. Dizem que a coruja era filha de um pedreiro.(*Para a plateia.*) Senhor, nós sabemos que somos, mas não o que seremos. Deus esteja em vossa mesa!

> Amanhã é São Valentino
> E bem cedo eu, donzela,
> Pra ser tua Valentina
> Estarei em tua janela.
> E ele acorda e se veste
> E abre o quarto pra ele.
> Se vê a donzela entrando
> Não se vê sair donzela.

(*As luzes se apagam.*) Não! Prestem atenção! Por favor! Está morto, senhora, está morto. Foi embora. Aos seus pés a lápide fria e a grama verde por fora.

ANEXOS

# Excertos de *Sonho (Mas Talvez Não)*
# de Luigi Pirandello[1]

## Ato Único

A JOVEM SENHORA: Você está aí? Como você entrou?

*O Homem de Fraque a princípio fica imóvel. Depois, voltando--se ligeiramente para olhar para ela, tira de um bolso do colete uma pequena chave brilhante e mostra-lhe. Depois volta a metê-la no bolso.*

A JOVEM SENHORA: Ah, voltou a encontrá-la? Já suspeitava.

*O Homem de Fraque sorri.*

A JOVEM SENHORA: Por que sorri?

*O Homem de Fraque deixa por um instante de sorrir e olha-a sombrio para lhe dar a entender que com ele é inútil mentir.*

A JOVEM SENHORA (*de novo assustada e dominando a perturbação que aquele olhar lhe provoca*): Não te pedi que me devolvesse por outra razão. Estava tão pouco interessada em reavê-la que a pus no bolso sem me dar conta. Deve ter caído no tapete quando me levantei, porque a criada do quarto me chamou um momento ali ao lado.

*Mal ela volta à cabeça para olhar para o lado, acompanhando com o gesto as palavras "ali ao lado", com a rapidez de um ladrão, ele executa o gesto imaginado por ela, isto é, curva-se para o tapete para apanhar uma chave e a esconde depressa*

...

[1] Tradução nossa. As marcas de corte assinalam aqui a parte do texto que não foi utilizada nesta pesquisa.

*precisamente no lugar onde já mostrou tê-la: no bolsinho do
colete. Ao executar esta ação, os olhos se iluminam com um
olhar maldoso, que também lhe torce a boca. Mas, mal volta
a endireitar-se, regressa à atitude anterior, como se nunca se
tivesse mexido.*

A JOVEM SENHORA (*depois de esperar por um momento que ele
    lhe diga alguma coisa*): O que você tem? Por que é que
    está me olhando assim?

O HOMEM DE FRAQUE: O que tenho? Nada. Olhando você
    como? (*Ao dizer isso, aproxima-se dela, inclina-se apoiando
    um joelho sobre o divã, com uma mão no espaldar e a outra
    delicadamente no braço dela.*) Não posso ficar longe de
    você: não consigo viver se não lhe sentir assim, assim
    junto de mim, se não sentir o cheiro de seus cabelos –
    esta embriaguez – e a suavidade de sua pele e o perfume
    de todo seu corpo. A minha vida inteira é você.

*A Jovem Senhora, levantando-se de um salto, passando à frente
dele, afasta-se. Dá-lhe assim a entender que lhe é insuportável
ouvi-lo repetir as habituais palavras de amor.*

O HOMEM DE FRAQUE: Claro que nem uma mulher pode
    obrigar um homem, nem um homem uma mulher, a
    corresponder a um amor que já não se sente. Mas então
    é preciso ter a franqueza de dizer: "Eu já não te amo."

A JOVEM SENHORA: Quantas vezes não se diz, não por falta
    de franqueza, mas por compaixão, porque na realidade
    a franqueza era muito mais cômoda.

O HOMEM DE FRAQUE: Também pode ter sido muito cômodo
    para uma mulher acreditar que se cala por compaixão.
    Quando uma mulher diz que se cala por compaixão é por-
    que já mentiu. […]

A JOVEM SENHORA (*levantando-se*): Grata pela opinião que
    tem de nós, as mulheres.

O HOMEM DE FRAQUE: Mas mesmo que não tirassem daí nenhum proveito, não vê que a compaixão seria sempre falsa?

A JOVEM SENHORA: Sempre ouvi dizer que uma mentira também pode ser piedosa.

O HOMEM DE FRAQUE: Que mentira? Fazer crer que se ama quando já não é o caso? Mentira inútil. Quem ama de verdade logo se dá conta de que no outro já não há amor. E ai dele se finge não perceber: é ensinar-lhe a traição. Compaixões verdadeiras, que não escondem segundas intenções, podem ser, para quem as tenha, apenas compaixão. Já não é amor afirmar o contrário, é corromper essa compaixão. Logo surgirá o desprezo, o desprezo que aconselha e obriga à traição. Até porque somos nós próprios os primeiros a desejar essa traição por não querer nos dar conta da mentira.

A JOVEM SENHORA (*voltando a sentar-se no mesmo lugar*): Acha portanto que é preciso dizer isso?

O HOMEM DE FRAQUE (*impassível*): Sim, realmente.

A JOVEM SENHORA: Por que a mentira, ainda que piedosa, é uma traição?

O HOMEM DE FRAQUE: Sim, quando o homem, ou mulher, a aceitam como uma esmola. (*Pausa.*) Gostaria de saber como trataria um pedinte que, para mostrar a sua gratidão pela esmola que lhe desse, pretendesse beijá-la na boca como um apaixonado.

A JOVEM SENHORA (*com um sorriso ambíguo*): Se a esmola é de amor, um beijo é um mínimo que o pedinte pode pretender.

Homem de Fraque (*pondo-se de pé do outro lado do divã*): Esqueci que estava falando com uma mulher. (*Anda agitado pelo quarto.*) A lealdade, a lealdade é um dever, e o mais sagrado, em relação a nós próprios até do que em relação aos outros. Trair é horrível. Trair é horrível.

A JOVEM SENHORA: Não sei por que é que fala assim esta noite e por que aquilo que diz lhe põe nesse estado.

O HOMEM DE FRAQUE: Aquilo que eu digo não, aquilo que você disse. Eu estou falando objetivamente.

A JOVEM SENHORA: Mas eu também, querido. Não pode duvidar de mim.

O HOMEM DE FRAQUE: Você sabe que eu duvido sempre e que tenho todas as razões para duvidar. (*Decidido, irá abrir a janela do sonho e fará entrar um exagerado raio de luar e um lento e leve barulho de mar.*) Já não se lembra? (*E fica olhando pela janela aberta.*)

A JOVEM SENHORA (*continua sentada, olhando em frente, como alguém que está recordando de algo*): Ah, sim, é verdade, aquele verão, no mar.

O HOMEM DE FRAQUE (*continua em frente da janela, como se, de lá, visse o mar*): Um frêmito prateado sobre a lua.

A JOVEM SENHORA: Sim, sim; na verdade, foi uma loucura.

O HOMEM DE FRAQUE: Eu disse: estamos a desafiar o mar sentindo-nos seguros assim, nesta barca que uma onda pode fazer ir ao fundo de um momento para o outro.

A JOVEM SENHORA: E quis meter-me medo balançando o barco de um lado para o outro.

O HOMEM DE FRAQUE: E lembra do que lhe disse mais?

A JOVEM SENHORA: Sim. Uma maldade.

O HOMEM DE FRAQUE: Que queria fazê-la experimentar o mesmo medo que eu sentia por confiar no seu amor. Ficou ofendida. E eu então tentei lhe explicar que, tal como nós dois naquela noite desafiávamos o mar sentindo-nos seguros naquela barca que a menor onda podia mandar ao fundo de um momento para o outro, eu também tinha a impressão de desafiá-la dizendo-me seguro da pouca confiança que podia inspirar-me com o teu amor.

A JOVEM SENHORA: Já nessa altura lhe parecia pouca?

ANEXOS

O HOMEM DE FRAQUE: Mas é claro! Sempre, minha cara. Francamente. Não porque você o deseje. Pelo contrário, você deve acreditar que pode inspirar-me toda confiança. É sempre pouca, porque você própria não tem certeza nenhuma de que amanhã, daqui a um instante ainda vai me amar. Foi só por um momento que senti que você me amava e não foi a princípio. Haverá também um momento em que sentirá que já não me ama e deixará de me amar. Talvez tenha chegado esse momento. Olha para mim! Por que é que tem medo de me olhar?

A JOVEM SENHORA: Não tenho medo. Sei que você é razoável. Você mesmo me disse há pouco que ninguém pode obrigar uma pessoa a corresponder a um amor que já não sente.

O HOMEM DE FRAQUE: Sim, racionalmente. Mas ai de ti, ai de ti, se para você o amor acabar, enquanto que em mim dura ainda tão vivo e tão forte!

A JOVEM SENHORA: Eu quero que você use a razão.

O HOMEM DE FRAQUE: Sim, sim, eu uso a razão, eu uso a razão. Tanto quanto quiser, só para te agradar. Para que não tenha receio, quer que lhe prove que ainda estou em meu perfeito juízo? Pronto, pronto, vou lhe provar. E não tenho medo, eu entendo tudo muitíssimo bem, enquanto a chama do meu espírito estiver acesa aqui (*toca na testa*). Percebo muitíssimo bem como está me olhando, que o teu amor, que começou a determinada altura, a determinada altura também pode acabar, por causa de um encontro inesperado, um súbito brilho que ofusca, um imprevisto, um irrefreável atiçar dos sentidos… […]

A JOVEM SENHORA: Porque há também a razão, a razão que logo nos chama…

O HOMEM DE FRAQUE: Nos chama a quê? Ao dever?

A JOVEM SENHORA: Que não nos deixa arrastar assim.

O HOMEM DE FRAQUE: A vida arrasta-nos, a vida sempre nos arrastou assim! Por que é que você quer que seja eu a lhe dizer, logo eu, como se você não soubesse. Calma, calma, não vá a chama acender-se aqui (*toca no peito*) e queimar-lhe o coração! Você não sabe que fogo de mais pode fazer um coração arder, o sangue, o sangue pode arder; e que noites terríveis esse fogo faz descer sobre o teu cérebro: uma tempestade que não te deixa raciocinar. Queres agora impedir a tempestade de desferir os seus raios e que um deles cai sobre a tua casa e te mate?

*A Jovem Senhora, aterrada, esconde o rosto com as mãos. O Homem de Fraque, assim que ela esconde o rosto, fica paralisado, o gesto suspenso [...]. A Jovem Senhora, sem tirar as mãos da cara, levanta-se e dá alguns passos em direção à janela para fechá-la. O Homem de Fraque, apesar de permanecer em suspenso, na mesma atitude petrificada, volta ligeiramente à cabeça e os braços na direção dela, como se ela, ao encaminhar--se para a janela, exercesse uma força sobre ele que o fizesse virar daquela maneira. A Jovem Senhora tira as mãos do rosto e, olhando pela janela, fica também ela entorpecida pela quietude daquele luar sereno [...].*

O HOMEM DE FRAQUE (*assume de repente a expressão daquele momento, isto é, a expressão de um cavalheiro*): Oh, desculpe! Você está aqui? Realmente está um calor insuportável. Já não se consegue dançar. Com este luar tão bonito, mais valia irmos todos para o jardim e ficava aqui alguém a tocar piano. Lá embaixo ouvíamos a música ao longe e podíamos dançar, ali, no espaço à volta do lago, ao luar.

A JOVEM SENHORA (*interrompendo-o*): Mais baixo! Podem nos ouvir.

O HOMEM DE FRAQUE (*baixo e cauteloso*): Se me disse para não dançar mais consigo, para não darmos muito nas vistas. E agora censura-me...

A JOVEM SENHORA (*faz-lhe sinal para se calar e depois lhe sussurra muito baixo*): Vá até lá embaixo no jardim sem que ninguém o veja. Daqui a pouco, assim que eu puder, também vou.

O HOMEM DE FRAQUE (*feliz, depois de ter olhado à volta para se certificar de que ninguém o vê no salão, pega-lhe na mão e beija-a furtivamente*): Já vou. Fico à sua espera. Não demore!

*A Jovem Senhora continua como que escondida no vão da janela, envolta pelo raio de luz. Pouco a pouco, o raio esmorece [...]. O Homem de Fraque, imóvel, ao lado do divã, com a mesma expressão de sombria ameaça, tal como no princípio.*

A JOVEM SENHORA (*depois de ter esperado que ele resolva falar, batendo o pé*): Mas, em suma, diga-me, diga-me qualquer coisa! Não vai continuar na minha frente toda noite com essa cara! (*Ao dizer essas palavras, angustiada, quase chora de raiva contida.*)

O HOMEM DE FRAQUE: Se eu estou com essa cara, a culpa não é minha. Devo isso a você. Sabe muito bem que ainda estou apaixonado por você, sabe muito bem que se eu agora me virasse para me ver no espelho, eu próprio, tal como me vê à tua frente, não me reconheceria. O espelho me diria à verdade, porque me apresentaria uma imagem em que não me reconheço, esta obra é tua.

A JOVEM SENHORA (*quase gritando*): Não vale a pena!

O HOMEM DE FRAQUE: Fique calma. E ali, do lado de fora, o jardim onde pela primeira vez as nossas bocas se uniram num beijo interminável? E lá mais ao longe não é o mar que desafiávamos naquele verão, numa noite de luar? Nada mais aterrador do que um espelho para uma consciência que não está tranquila. E você sabe, porque tem outra razão que também tem a ver com você – se eu pensar naquilo que fiz e continuo a fazer por você, não posso levantar os olhos para um espelho. Mesmo agora que me tem diante de você, que me tem assim à tua frente, mesmo agora você sabe muito bem onde é que eu estou. Você foi lá uma vez – naquela saleta amarela do jogo – e que estou lhe fazendo a corte, fazendo a corte para poder oferecer-lhe aquele colar de pérolas.

A JOVEM SENHORA: Não, não. Já não o quero! Já não o quero! Disse que gostaria muito de o ter. [...]

O HOMEM DE FRAQUE: Para me humilhar.

A JOVEM SENHORA: Não, para lhe fazer ver que exigia demais de você mesmo.

O HOMEM DE FRAQUE: Continua a mentir! Não queria de forma alguma que eu me indignasse com as tuas exigências excessivas, queria me fazer ver que você era feita para um amante mais rico, que pudesse se dar ao luxo de satisfazer os seus maiores desejos.

A JOVEM SENHORA: Oh, meu Deus! Isso era o que você devia ter percebido logo no início, sabendo o que eu era e a vida que sempre quis.

O HOMEM DE FRAQUE: Você também sabia quem eu era quando se tornou minha amante. Nunca fui rico. Esforcei-me ao máximo para conseguir os meios para acompanhar o seu tipo de vida, sem seu prejuízo e sem me incomodar demais com você. E tudo que fiz foi por você, se quisesse ser um poucochinho mais sincero devia ter suspeitado, apesar de tudo.

A JOVEM SENHORA: Sim, suspeitei.

O HOMEM DE FRAQUE: Suspeitas de todos os tipos.

A JOVEM SENHORA: Suspeitei, suspeitei e também admirei a forma como soube esconder todas as dificuldades.

O HOMEM DE FRAQUE: Porque tudo me parecia pouco – era o mínimo que eu podia fazer em troca de tudo o que você me dava deixando que eu te amasse.

A JOVEM SENHORA: Você, no entanto, quis que eu o tivesse em conta...

O HOMEM DE FRAQUE: Não! O quê?

A JOVEM SENHORA: Como não? Apelou à minha sinceridade! Que eu levasse em conta o quanto lhe custou.

O HOMEM DE FRAQUE: Nada, já lhe disse, não me custou nada. E, de mais em mais, também esperava que não me custasse nada renunciar aos seus desejos mais mesquinhos.

A JOVEM SENHORA: Para não lhe obrigar a despesas que, eu sabia, você não podia ter, sim. E renunciei, de fato renunciei nem você pode imaginar a quantas coisas!

O HOMEM DE FRAQUE: Imagino, imagino perfeitamente!

A JOVEM SENHORA: E lhe parece natural?

O HOMEM DE FRAQUE: Sim, se você me amava...

A JOVEM SENHORA: Você me deixa puta!

O HOMEM DE FRAQUE: Por ter te achado natural?

A JOVEM SENHORA: Sim. Que por lhe amar, já não devia desejar mais nada! E então, de propósito, naquela noite, ao passar em frente da vitrine daquele joalheiro – de propósito, de propósito, sim, quis ser cruel.

O HOMEM DE FRAQUE: E acha que não me dei conta?

A JOVEM SENHORA: Achou que eu estava sendo cruel?

O HOMEM DE FRAQUE: Não. Mulher.

A JOVEM SENHORA (*batendo com o punho no joelho e levantando-se*): Outra vez! Não percebem que a culpa é de vocês homens, dos homens, se as mulheres são assim, é por causa do juízo que fazem delas? Que a culpa é de vocês se são cruéis, que a culpa é de vocês se os enganamos, que a culpa é de vocês se os traímos?

O HOMEM DE FRAQUE: Calma – calma... Por que é que está assim exaltada? Acha que eu não percebo que está à procura de um pretexto para virar o jogo a teu favor?

A JOVEM SENHORA (*voltando-se bruscamente, espantada*): Eu?

O HOMEM DE FRAQUE (*com o rosto imóvel*): Sim, você. Do que é que está espantada?

A JOVEM SENHORA: A meu favor, a meu favor como?

O HOMEM DE FRAQUE: Sabes muito bem como. Eu disse "mulher" para corrigir o seu "cruel". Parece-me justo, não cruel, que naquela noite, a passar diante da vitrine do joalheiro, meio sério meio de brincadeira, tivesse soltado aquele suspiro de gulodice. (*Imita-a como se fosse uma criança diante de um doce.*) "Ah, como eu gostaria de ter aquele colar de pérolas." (*Ela ri e, de repente, enquanto ela está rindo, faz-se escuro* [...] *O Homem de Fraque e a Jovem Senhora, presa do fascínio que os faz falar a meia voz, rígidos, olhando em frente.*)

O HOMEM DE FRAQUE: Quer que as roube?

A JOVEM SENHORA: Não, não. Foi como um relâmpago que me passou pela cabeça. Não as quero, não quero que me dê nada! Já lhe disse que foi por crueldade que manifestei o desejo de ter essas pérolas. Sei bem que não pode me dar a não ser roubando.

O HOMEM DE FRAQUE: Ou roubando outros para comprá-la! É o que estou fazendo! Enquanto isso, viu só? Outras mãos tiram da vitrine o colar de pérolas – para você – e você sabe – você sabe (*nesse instante abandona e vira-se para ela, terrível*) e se atreve a me dizer que não quer que eu as dê! – Claro, já que não quer que seja eu a lhe dar! Vais recebê-las de outro! Você já me traiu, miserável! (*Agarra-lhe os braços, porque ela, assustada, se levanta para fugir dele.*) E eu sei quem é! Sei quem é! Miserável! Miserável! (*Sacode-a.*) Voltou a andar com teu antigo amante que acaba de chegar de Java, onde fez fortuna! Eu o vi! Eu o vi! Ele ainda se mantém à distância, mas eu o vi!

A JOVEM SENHORA (*que se terá debatido para fugir ao braço do Homem de Fraque, consegue neste momento fugir dele*): Não é verdade! Não é verdade!

O HOMEM DE FRAQUE (*agarra-a de novo e, obrigando-a brutalmente a sentar-se, avança sobre ela, pondo-lhe as mãos à volta do pescoço, como se fosse estrangulá-la*): Não é verdade? Pois se estou lhe dizendo que o vi, miserável! Você está esperando que ele lhe dê aquelas pérolas, enquanto eu sujo as mãos para você roubando os meus amigos no jogo, miserável, miserável, para contentá-la, para satisfazer a tua crueldade! (*Está sobre ela, quase a estrangulando. Todas as luzes. Voltam a ouvir-se as três pancadas na porta, discretas.*)

A JOVEM SENHORA (*pondo-se de pé e ficando de ouvido à escuta durante algum tempo*): Entre. (*Arranjando um pouco os cabelos. Vai até a mala, pega uma caixa e dentro está o colar que ela queria. Mas a alegria de recebê-la é contrariada pelo recente terror que acabou de experimentar durante o sonho* [...]. *Ouve-se bater à porta outra vez. De repente, a Jovem Senhora tira o colar, abre a gaveta que há na mesa e esconde o colar. Depois, vira-se para a porta.*) Quem é? Entre. (*Entra um homem que, no sonho, estava de fraque. Veste agora uma roupa de passeio.*) Oh, meu querido, entre, entre, venha.

O HOMEM DE FRAQUE (*depois de ter beijado demoradamente a mão que lhe estendeu*): Estou atrasado?

A JOVEM SENHORA (*simulando a maior indiferença*): Não, não... (*Senta-se no divã.*) Estou com ar de que esteve dormindo?

O HOMEM DE FRAQUE (*depois de ter observado*): Não, para dizer a verdade. (*Baixo.*) Você dormiu?

A JOVEM SENHORA: Sim, aqui, um instante. De repente, senti-me cheia de sono. É estranho.

O HOMEM DE FRAQUE: E sonhou?

A JOVEM SENHORA: Não, não. Foi só um instante. Mas – não sei – senti que me faltava o ar.

O HOMEM DE FRAQUE: Estava com receio de chegar atrasado. Acabo de ter um problema que me causou muito aborrecimento. Eu lhe conto.

A JOVEM SENHORA:  Que problema?

O HOMEM DE FRAQUE:  Queria lhe fazer uma surpresa.

A JOVEM SENHORA:  Você? A mim? (*Rindo.*)

O HOMEM DE FRAQUE (*pouco à vontade*):  Porque que é que está rindo?

A JOVEM SENHORA (*continua rindo*):  Uma surpresa, você?

O HOMEM DE FRAQUE:  Acha que já não posso lhe fazer nenhuma?

A JOVEM SENHORA:  Sim, querido. Tudo é possível. Mas sabe como é, quando as pessoas se conhecem há muito tempo, as surpresas... E depois me disse isso com um ar tão estranho... (*Imitando o ar e o tom*): "Queria lhe fazer uma surpresa." (*Volta a rir.*)

O HOMEM DE FRAQUE:  É que eu, de fato, estou contrariado.

A JOVEM SENHORA:  Quer apostar que adivinho?

O HOMEM DE FRAQUE:  O quê?

A JOVEM SENHORA:  Espera. E sentiu essa contrariedade por você ou por mim?

O HOMEM DE FRAQUE:  Por você e por mim também, precisamente por causa da surpresa que já não vou poder lhe fazer.

A JOVEM SENHORA:  Sim, então adivinhei. Para ver que já não pode me fazer surpresas. (*Sussurra ao ouvido dele.*) Queria mesmo me dar aquele colar da pérolas?

O HOMEM DE FRAQUE:  Entrei na joalheria para comprá-lo. (*Depois bruscamente, surpreendido.*) Mas então já sabia que tinha sido vendido?

A JOVEM SENHORA:  Sim, querido. Por isso é que adivinhei.

O HOMEM DE FRAQUE:  E como é que soube?

A JOVEM SENHORA:  Ora! Como? Ontem à noite, ao passar por lá, dei-me conta de que já não estava na vitrine.

O HOMEM DE FRAQUE:  Até as quatro estava. Eu o vi.

A JOVEM SENHORA:  Ah, não. Eu passei mais tarde, por volta das sete. Já não estava lá.

ANEXOS

O HOMEM DE FRAQUE: Estranho. Porque o joalheiro disse-me que tinha sido vendido hoje de manhã.

A JOVEM SENHORA: Ah! ...Você perguntou?

O HOMEM DE FRAQUE: Já te disse que entrei para comprá-lo. E o que ele me disse exatamente foi: hoje de manhã.

A JOVEM SENHORA (*simulando uma indiferença*): A quem? Não lhe disseram?

O HOMEM DE FRAQUE (*sem sombra de suspeitas e por isso sem dar a menor importância à pergunta dela*): Sim, a um senhor. (*Puxando-a para a sua frente.*) Mas você, desculpa, se foste capaz de adivinhar – quando percebeu o meu aborrecimento – que se tratava das pérolas, é sinal que estava pensando nelas.

A JOVEM SENHORA: Não, não...

O HOMEM DE FRAQUE: Não, como? É que estava esperando que eu as trouxesse.

A JOVEM SENHORA: Ó, meu Deus, eu soube que, há já algumas noites, no Jogo, você tem estado com uma sorte incrível.

O HOMEM DE FRAQUE: Sim, e sabe porquê? Eu tenho certeza, foi por causa da febre que me causou o desejo que você manifestou em ter aquelas pérolas – uma verdadeira inspiração, uma lucidez – e foi isso que me ajudou e fez com que não falhasse um único golpe.

A JOVEM SENHORA: Ganhou muito?

O HOMEM DE FRAQUE: Sim, muito. (*Com um entusiasmo sincero.*) E você agora vai me ajudar a procurar outra coisa muito, muito bonita – bonita, bonita, para você, de que você goste muito mais...

A JOVEM SENHORA: Não! Não!

O HOMEM DE FRAQUE: Sim – para me fazer esquecer o aborrecimento de não ter conseguido fazer sua vontade desta vez.

A JOVEM SENHORA: Não, querido, eu nunca pensei a sério naquelas pérolas, nem que você me pudesse dar... Foi apenas um capricho, assim, um coisa momentânea, naquela noite, quando passamos... Não, não, eu quero ser sensata.

O HOMEM DE FRAQUE: Eu sei que você é sensata – muito – comigo. Mas tudo que eu ganhei nestas noites é seu, só seu, pode ter a certeza: só devo a você.

A JOVEM SENHORA: Tanto melhor! É por isso que eu estou mais do que nunca contente por não ter podido comprar--me aquelas pérolas. Não falemos mais disso, por favor. (*Olha o chá.*) Aqui está o chá. Vamos tomá-lo. (*Vai pegá--lo.*) Deixe. Eu trato disso.

O HOMEM DE FRAQUE (*distraído, como para dizer qualquer coisa*): Ah, sabe? Contaram-me quem regressou de Java...

A JOVEM SENHORA (*servindo o chá*): Sim, sim, eu sei.

O HOMEM DE FRAQUE: Ah, também lhe contaram?

A JOVEM SENHORA: Sim, na outra noite. Já não me recordo quem...

O HOMEM DE FRAQUE: Parece que ganhou muito dinheiro...

A JOVEM SENHORA: Leite ou limão?

O HOMEM DE FRAQUE: Leite. Obrigado.

*Pano*

## Aquecimentos Vocais

1. *Descontração Muscular:*
   - Respiração com movimentos do pescoço para frente, para os lados e girando.
   - Alongamento dos músculos faciais e bocejos para relaxar a musculatura do rosto.
2. *Aquecimento Respiratório e do Diafragma:*
   - Inspirar e expirar profundamente levantado e abaixando os braços.

ANEXOS

- Inspirar e produzir os sons com o auxílio do diafragma: "Si Fu Chi Pa."
- Contrair o abdômen e contrair um pouco as nádegas e falar: "Vaaaaaaaaaiiiiiiii" (Atenção para evitar os tranquinhos no abdômen, pois isso machuca o músculo).

3. *Aquecimento dos Lábios e da Língua:*
   - Caretas para descontração facial.
   - Aquecer os lábios e a língua vibrando um som grave, um médio e um agudo, estalar a língua com os sons "TLÔ" e "TLÁ".
   - Massagem da língua por dentro da boca (circular a língua em volta das gengivas, depois escrever seu nome com a língua).
   - Beijinhos de moça.
   - Beijinhos de velha.
   - Beijinhos de peixinho.

   Imitar:
   - Metralhadora.
   - Moto.
   - Ambulância.

4. *Aquecimentos Para Boa Articulação das Palavras:*
   - ME, TRU, GUE, ZE, LHU, DE. ZI, MI, XI, LI, TI, VI.
   - Exercício com as consoantes: BA, BE, BI, BO, BU, − BA, BE, BI, BÁ, − BA, BE, BI, BO, BU.
   - Repetir esta sequência, mudando a consoante para: Q, depois R, L, S, K, M, N, C, T, V, X, Z.

5. *Aquecimento dos Ressoadores:*
   - Ressonar a voz jogando-a para o céu da boca. Projetar a voz para frente da cabeça.
   - Ressonância: MA, NA, NHÁ (realizar por um minuto).

- Ressonância: MUA, MUÉ, MUÍ, MUÓ, MUÚ.

6. *Exercícios de Fonação:*
   - SEDEVA , SEDEVÉ , SEDEVE , SEDEVI , SEDEVÓ , SEDEVU.
   - FLA , FLE , FLÉ , FLE , FLO , FLÓ , FLU.
   - GRUDUPÁ , GRUDOPÉ , GRUDOPO , GRUDOPÓ , GRUDOPU.
   - PRA TRA CRA, PRE TRE CRE, PRÉ TRÉ CRÉ, PRÓ TRÓ CRÓ, BRA DRA GRA, BRÉ DRÉ GRÉ.

7. *Exercícios de Criatividade Com a Voz*
   - Em duplas, um produz os sons vocais com a boca, os lábios, a língua. O colega reproduz os sons com movimentos corporais.
   - Roda musical: buscar cantar a seguinte frase em ritmos diferentes, samba, pagode, rumba, bossa nova, rock etc.: "Vem senta aqui ao meu lado, deixa o mundo girar, jamais seremos tão jovens."

   OBS: Esse exercício pode ser usado com as frases da peça e de cada personagem.

8. *Desaquecimento Vocal*
   - Mexer a boca juntando saliva e engolir.
   - Em pé, circundar as partes do corpo, soltando as articulações até chegar ao chão.
   - Sentados no chão: circular a cabeça bem devagar, inspirando e expirando.
   - Massagear a glote, delicadamente.
   - Soltar alguns suspiros.
   - Massagear os ombros e soltar o corpo no chão.
   - Sentir a respiração.
   - Espreguiçar lentamente, suspirando, até sentar.

# Bibliografia e Discografia

ARANTES, Urias Corrêa. *Artaud: Teatro e Cultura*. Campinas: Edusp, 1988.

ARTAUD, Antonin. *Linguagem e Vida*. São Paulo: Perspectiva, 1995.

_____. *O Teatro e Seu Duplo*. São Paulo: Martins Fontes, 2006.

BARBA, Eugenio. *Além das Ilhas Flutuantes*. São Paulo: Hucitec/Edusp, 1991.

BARBA, Eugenio; SAVARESE, Nicola. *A Arte Secreta do Ator (Dicionário de Antropologia Teatral)*. São Paulo: Hucitec/Unicamp, 1995.

BAITELO Jr., Norval. Mimeo. *Revista do Lume*, n. 1, 1998.

BURNIER, Luís Otávio. *A Arte de Ator: Da Técnica à Representação*. Campinas: Editora da Unicamp, 2001.

_____. *Sur la Formation de l'Acteur*. Dissertação de mestrado, Paris: Université de La Sorbonne Nouvelle, 1985.

DALMONTE, Rossana. *Berio: Entrevista Sobre a Música Contemporânea*. São Paulo: Civilização Brasileira, 1981.

DERRIDA, Jacques. *A Voz e o Fenômeno: Introdução ao Problema do Signo na Fenomenologia de Husserl*. Rio de Janeiro: Jorge Zahar, 1994.

FLASZEN, Ludwik; POLLASTRELLI, Carla (curadores). *O Teatro Laboratório de Jerzy Grotowski 1959-1969*. São Paulo: Fondazione Pontedera de Teatro/Edições Sesc-SP/Perspectiva, 2007.

FERNANDES, Ciane. *Pina Bausch e o Wuppertal Dança-Teatro: Repetição e Transformação*. São Paulo: Hucitec, 2000.

FERRACINI, Renato. *A Arte de Não Interpretar Como Poesia Corpórea do Ator*. Campinas: Editora da Unicamp, 2002.

FORTUNA, Marlene. *A Performance da Oralidade Teatral*. São Paulo: Annablume, 2000.

GAYOTTO, Lucia Helena. *Voz, Partitura da Ação*. São Paulo: Summus, 1997.

GROTOWSKI, Jerzy (1971). *Em Busca de um Teatro Pobre*. 3. ed. Rio de Janeiro: Civilização Brasileira, 1992.

KNÉBEL, María. *El Último Stanislavsky: Análisis Ativo de la Obra e el Papel*. Madrid: Fundamentos, 1996.

LACAN, Jacques. *Escritos*. São Paulo: Perspectiva, 1978.

LISPECTOR, Clarice. *Água Viva*. Rio de Janeiro: Francisco Alves, 1994.

MARTINS, Luiz Augusto. Teatro Físico: Vibração e Troca Humana nas Manifestações Populares da Espanha e no Teatro de Garcia-Lorca. *Caminhos da Dança-Teatro no Brasil: I Seminário e Mostra Nacional de Dança Teatro*. Viçosa: Universidade Federal de Viçosa, 2009.

MENEZES, Philadelpho. *Jornalismo Virtual: Intenção, Forma e Interatividade*. Programa de Pós-Graduação em Comunicação e Semiótica, PUC São Paulo, 1999.

_____(org.). *Poesia Sonora: Poéticas Experimentais da Voz no Século XX*. São Paulo: Educ, 1992.

_____. *Poética e Visualidade: Uma Trajetória da Poesia Brasileira Contemporânea*. Campinas: Editora da Unicamp, 1991.

MENEZES FILHO, Florivaldo. *Apoteose de Schoenberg*. São Paulo: Nova Stella/Edusp, 1987.

OIDA, Yoshi. *O Ator Invisível*. São Paulo: Beca, 2001.

PAVIS, Patrice. *Dicionário de Teatro*. São Paulo: Perspectiva, 1999.

PLATÃO. *Crátilo*. Tradução Dias Palmeira. Lisboa: Sá Costa, 1994.

QUINTEIRO, A. Eudosia. *Estética da Voz*. São Paulo: Summus, 1989.

ROUBINE, Jean-Jacques. *A Linguagem da Encenação Teatral 1880-1980*. Rio de Janeiro: Zahar, 1992.

_____. *A Arte do Ator*. Rio de Janeiro: Jorge Zahar, 1995.

SHAFER, Murry. *O Ouvido Pensante*. São Paulo: Editora da Unesp, 1991.

STANISLÁVSKI, Constantin. *A Preparação do Ator*. Rio de Janeiro: Civilização Brasileira, 1986.

_____. *A Construção da Personagem*. Rio de Janeiro: Civilização Brasileira, 1986.

_____. *A Criação de um Papel*. Rio de Janeiro: Civilização Brasileira, 1997.

VALENTE, Heloisa de Araújo Duarte. *Os Cantos da Voz: Entre o Ruído e o Silêncio*. São Paulo: Annablume, 1999.

WOLFORD, Lisa, *Grotowski's Objective Drama Research*. Jackson: University Press of Mississippi, 1996.

ZAGONEL, Bernadete. *O Que É Gesto Musical*. São Paulo: Brasiliense, 1992.
ZUMTHOR, Paul. *Performance, Recepção, Leitura*. São Paulo: EDUC, 2000.

# Discografia

BERBERIAN, Cathy. *Thema (Ommagio a Joyce)*. 1958. CD, 1:06'.
BERBERIAN, Cathy; BERIO, Luciano. *Visage Soprano & Magnetic Tape*. 1961. CD, 41'.
\_\_\_\_. *Sequenza III*. 1962. CD, 54'.
BERIO, Luciano; SWINGLE II. *A-Ronne/Cries of London*. 1975. CD, 45'.
NERUDA, Pablo. *XX Poemas de Amor y una Canción Desesperada*. 1999. CD, 38'
PHILADELPHO, Menezes. *Poesia Sonora Hoje: Uma Antologia Internacional*. 1998. CD, 50'.
\_\_\_\_. *Poesia Sonora: Do Fonetismo às Poéticas Contemporâneas da Voz*. 1996. CD, 30'.
VIARD, Martine. *Georges Aperghis: Récitations*. Paris: Montaigne, 1992. CD, 38'.

cip-Brasil. Catalogação-na-Fonte
Sindicato Nacional dos Editores de Livros, rj

G781g

Grando, Mônica Andréa
 O gesto vocal : a comunicação vocal e sua gestualidade no teatro físico / Mônica Andréa Grando. – 1. ed. – São Paulo : Perspectiva : Teatro Escola Macunaíma, 2015.
 128 p. : il. ; 21 cm. (Macunaíma no palco: uma escola de teatro ; 5)

 Inclui bibliografia Inclui Anexos
 ISBN 978-85-273-1037-6

 1. Comunicação não-verbal. 2. Gestos. 3. Gestos – Brasil. 4. Teatro brasileiro. I. Título. II. Série.

15-24266                                             CDD: 001.56
                                                     CDU: 001.56

02/07/2015    02/07/2015

[PPD]

DIREITOS RESERVADOS À

EDITORA PERSPECTIVA LTDA.

AV. BRIGADEIRO LUÍS ANTÔNIO, 3025
01401-000 SÃO PAULO SP BRASIL
TELEFAX: (011) 3885-8388
WWW.EDITORAPERSPECTIVA.COM.BR

2019

Este livro foi impresso na cidade de Cotia,
nas oficinas da Meta Brasil, para a Editora Perspectiva.